千江月 編著

學會放下
那些不如意的事情

別用心情
處理事情 全集

*Don't let bad things
affect your mood*

畢達哥拉斯曾說：

做自己感情的奴隸，
比做暴君的奴僕更為不幸。

確實如此，當一個人成了感情的奴隸，就會意氣用事，做出讓自己懊悔不已的事情。
無論面對多麼不愉快、多麼生氣的事情，都必須先將自己的心情處理妥當，再用理智處理事情，千萬別用心情處理事情。

瞋怒、怨恨的心情，往往會使小過變成大禍，如果我們不想淪為情緒的奴隸，
首先就必須提醒自己，不論當下覺得氣憤還是痛苦，都必須保持冷靜的心情，才能做出最正確的決定。

出 版 序

● 千江月

別用沮喪的心情處理事情

只要能重建面對未來的自信，
自然能看見心中的陽光，
不會因為一時低落的心情，
做出影響人生的重大決定。

　　古希臘時代著名的哲學家、數學家畢達哥拉斯曾說：「做自己感情的奴隸，比做暴君的奴僕更為不幸。」

　　確實如此，當一個人成了感情的奴隸，就會意氣用事，做出讓自己懊悔不已的事情。無論面對多麼不愉快、多麼生氣的事情，都必須先將自己的心情處理妥當，再用理智處理事情，千萬別用心情處理事情。

　　做人最怕的莫過於用情緒來做決定，因為，許多簡單事情，往往會在我們滲入情緒因素之後，變得棘手複雜。如果你想擁有一個豐富的人生，那麼就千萬別讓自己的心情去決定事情。

　　消防隊員從火災現場救出一對孿生兄弟，他們的名字分別叫波恩和嘉林，是這次災難中幸運存活的兩個人。

　　他們很快被送往醫院，雖然死裡逃生，大火卻也把他們燒得面目全非，來探望的親友無不惋惜地說：「原本漂漂亮亮的兩個孩子，如今……唉！」

　　知道事實後，波恩整天對著醫生哭泣：「天哪！我變成這個

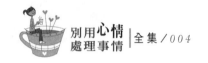
模樣，以後怎麼出去見人？還不如死了算了！」

悲觀的波恩對生活完全失去信心，嘉林卻和他完全相反，努力地勸著波恩：「波恩，你仔細想想，這次大火只有我們得救啊！我們的生命不是更顯珍貴嗎？好好活下去吧！別胡思亂想了！」

嘉林勸波恩別胡思亂想，但波恩始終解不開心裡的結。身體康復出院後，波恩終於還是忍受不了世人的眼光，選擇結束自己的生命，離開人間，獨留嘉林一個人艱難地生存下去。

其實，嘉林並不如想像中堅強，但為了自己，也為生命的真義，他咬緊牙關挺了過去：「是的，我的生命價值比誰都高！」

有一天，嘉林像往常一樣準備送貨到加州。這天下著大雨，路很滑，嘉林車子開得很慢，就在這個時候，他發現前方橋上站了一個人。

嘉林緊急煞車，下車趕到那個人的身邊，但是還沒來得及靠近，那個人便往下跳了。急於救人的嘉林想都沒想，也跟著跳下水，將那人救上岸。

被救起後，那個人哭喊著：「讓我走了吧！我不想活了……」

這個人瘋了似地大哭大叫，嘉林忍不住打了他一個巴掌，這個人才止住哭泣，默默地低下了頭。

嘉林拍了拍他的肩，半強迫地扶起他走向自己車內。回到車上，嘉林慢慢地安撫這個人，也耐心傾聽著他的心聲。

原來，他是某大公司的總經理，因為遇到了一件難解的事，一時解不開，便想尋短。嘉林聽完他的故事後，便將自己的遭遇說給他聽，最終不忘分享他的體會：「生命是這樣珍貴啊！」

總經理點了點頭，看來心中的結是解開了，他十分感激嘉林的幫助，便邀嘉林與他一同共事。幾年之後，嘉林從一個積蓄不足萬元的小司機，忽然成為一個擁有三億元資產的運輸公司老闆，

後來更用賺來的錢修整好他的臉。

作家斯特恩曾經寫道：「痛苦與歡樂就像光明與黑暗互相交替，只有知道怎樣使自己適應它們，跟它們和平共處，才懂得怎樣生活。」

每個人的生命歷程都會有幸福時光，也必定會有痛苦時刻，願意面對痛苦、放下痛苦的人，才能擁有真正的幸福。如果老是用心情處理事情，行為便沒有自主權，最後只能無奈地受命運的宰割和擺佈。

不管遭遇什麼事情，都必須先處理自己的心情，再處理事情，千萬別讓心情影響自己所做的任何判斷或決定。

在面對人生最艱難的那一刻，除了再給自己一次機會，試著再跨一步看看之外，再也沒有其他的方法了，若是用沮喪的心情處理 一切事情，只會帶給自己無窮無盡的悔恨。

就像嘉林引導那位總經理一樣，不必說太多道理，更不需要給太多安慰和指正，只需要提醒自己：「生命多麼可貴！」

這個道理很簡單，卻能發揮極大的力量，讓人冷靜下來仔細思索。只要重建面對未來的自信和耐力，自然能看見心中的陽光，也看見自己一直持有的生命活力，不會因為一時低落的心情，做出影響一生的重大決定。

本書《別用心情處理事情全集》係以作者舊作《別用心情處理事情》與《學會放下，活在當下2》的全新合集，除了針對原內容進行修訂之外，另行增加了十篇新稿，謹此向讀者說明。

Part **3**

不要讓情緒影響前進的勇氣

無論目前陷在什麼樣的困境中，
自然都會有一股力量支持你挺過去的。
不因為受挫的情緒，影響自己前進的勇氣。

Part **4**

別讓內心慾望主導人生方向

只要每分每秒都能執著認真，
不讓內心的慾望主導人生的方向，
任何片刻都將能寫下一份永恆且
卓越的人生成績單。

Part 7

痛苦，是因為不滿足

生活中的快樂不是建立在物質的基礎上的。
所以千萬記住，
別讓你的慾望成為流浪漢的帽子了。

Part 8

把握當下，才能創造未來

無論昨日成功或失敗，
並無法預測你明天是成功還是失敗，
因為生活只有當下，
人生也只有現在和未來。

Part 9

放下心中的包袱，才能輕鬆上路

放下該放下的，也丟開不必要的擔心吧！
輕裝上路，你才能快樂前進，
也才有足夠的力氣與空間，
容納沿途發現的珍寶。

Part 10

成功的大門，需要多敲幾下

雖然失敗不見得會帶來成功，
可是至少是向成功更邁進了一步。
不要害怕失敗，堅持到底，成功就在不遠處。

Part 11

保持理智，事情才能控制

碰到不理智的要求時，千萬要冷靜面對，
否則事情的發展很容易超出自己所能控制的範圍，
千萬別因一時衝動而犯下大錯。

PART1

改變態度，就能跨出第一步

你的貴人就是你，你的救兵就是你，

只要你願意跨出第一步，

擺脫沉溺於失意落魄的心情，

一定能擺脫眼前的困境。

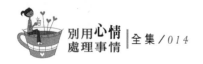

改變態度，就能跨出第一步

　你的貴人就是你，你的救兵就是你，只要你願意跨出第一步，擺脫沉溺於失意落魄的心情，一定能擺脫眼前的困境。

　　成功的人往往懂得控制自己的心境；失敗的人則容易困在情緒的框框裡作繭自縛。面對不如己意的事情，最重要的其實是先處理好自己的心情，這將決定你最後是化阻力為助力，抑或就此敗在惡劣的心情之下。

　　人要懂得克制浮躁的情緒，用理智面對事情，尤其是遭遇困境的時候，千萬不能任由沮喪的情緒擺佈。

　　遇上困難時，多數人都會期望得到別人幫忙，只是，得到再多人幫助，若是自己不肯站起來，一切都枉然。

　　有位經理將畢生積蓄投資在一間小型製造廠中，不幸的是，那年恰巧遇上了世界大戰，根本無法取得工廠所需的原料，最終只得宣告破產。

　　從此，經理一蹶不振，不僅失去了鬥志，更自覺沒面子面對妻兒，於是離家出走，成為街上流浪漢一員。

　　他對於那些損失始終無法忘懷，每每一念及此，常常都會告訴自己：「不如死了算了。」

　　但是，他似乎頗得上天憐憫，在一次偶然機會中，撿到了一本名為《創業者》的書。這本書帶給他全新的勇氣和希望，他決定找到這本書的作者，請作者幫助他再站起來。

　　不久，經理找到了作者，將自己的經歷述說一次，沒想到這位作者卻對他說：「好，我已經盡力聽完你的故事了，希望這樣對你會有些幫助。」

　　「就這樣？你不能幫我做點什麼事嗎？」經理問道。

　　「事實上，我沒有能力幫助你。」作者說。

　　以為找到救兵的經理這下子慌了，腦子一片混亂，怎麼能再站起來？只見他的臉上變得一片蒼白，低下頭，喃喃地說：「完蛋了！」

　　作者看著他，跟著對他說：「我是真的沒有辦法幫助你，不過，我可以介紹你去見一個人，他一定能幫助你東山再起。」

　　經理一聽，立刻跳了起來說：「真的嗎？請快點帶我去見那個人吧！」

　　作者點了點頭，帶他來到一面極高大的鏡子面前，指著鏡子說：「我要介紹的人就是他，在這世界上，只有這個人能使你東山再起！你必須好好地認識他，否則你真的只能跳河了。在你還不能充分認識他之前，無論是對你還是對這個世界來說，你始終都是個沒有價值的人。」

　　經理朝著鏡子走去，用手摸了摸長滿鬍鬚的臉，對鏡子裡的人從頭到腳打量了好幾分鐘，又後退了幾步，忽然低下頭，大哭了起來。

　　幾天後，作者在街上遇見了一個人和他打招呼，不禁問道：「你是？」

　　「你忘記我了嗎？我是那個流浪漢啊！」經理開心地說。

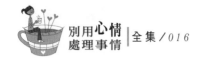
「你好，你看起來很好啊！」作者笑著說。

「是啊！這得要謝謝你，那天離開你辦公室時我還只是個流浪漢，但我從鏡子找回了自信，我已經找到一份月薪三千美元的工作。老闆還先預支了一些錢給我，要我回去好好安頓家人，我想，我的鬥志又找回來了。」他還風趣地對作者說：「謝謝你，介紹那麼棒的『救兵』給我！」

你心中的救兵是誰呢？

是盼著老天爺幫忙，還是期待某個神秘貴人的出現？

朋友，你生命中的貴人正是你自己啊！幸運之神確實會出現，不過他只會在你突破困境時，在天邊給你一個燦爛的微笑。這個世界上沒有固定的成功法則，更沒有花俏的成功技巧，只有這麼一句平實卻也真實的至理名言：「一切靠你自己！」

心情好壞將會決定你的成敗！一如故事中的男子，在人生灰暗時期，只顧鑽研生命的黑暗與困頓，將自己關在失敗的心牢中，卻不知道抬頭挺胸、重新站起來，一味用失落的情緒面問題，如此困厄不也是他自己帶來的嗎？

從流浪街頭轉身看見人生的新方向，流浪漢終於明白了「生命操之在我」的道理，那你呢？在人生困頓的此刻，是不是也願意調適自己的心情，給自己多一點力量和勇氣，幫助自己再站起來呢？

是的，你的貴人就是你，你的救兵就是你，最好的靠山也是你！只要你願意跨出第一步，擺脫沉溺於失意落魄的心情，理智處理事情，一定能擺脫眼前的困境。

肯定自己，才能放下不安

那些惡意或別有居心的批評指涉，何須放在心上念念不忘？只要轉念想一想，內心就不會因為偏差的念頭或人們的閒話感到困擾。

生活中，許多人最常做的事就是猜測別人的觀感，卻常常忽略了自己的想法，殊不知，等待別人的十句鼓勵，總不及自己給的肯定！

每個人都想得到別人的認同讚賞，但在此之前，別忘了必須要先給自己一個堅定的認同和肯定。

胖胖的米蓮娜雖然是位非常有名的專欄作家，但這個頭銜卻沒有讓她對自己充滿信心，她常自卑地對人們說：「我看起來好笨拙呀！」

有一天晚上，米蓮娜懷著忐忑不安的心參加一個大型婚會，就在門口，碰見了一位年輕貌美的女孩。

「妳也要進去嗎？」米蓮娜問這女孩。

「嗯，我有一點害怕，其實我在附近徘徊很久了，每次鼓起勇氣要走進去時，卻沒想到一走近門口，便又退縮了，唉，從小到大我都是這樣子。」女孩神情緊張地說。

米蓮娜看著長得比她漂亮許多的女孩，納悶地想著：「她長

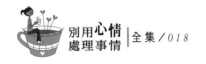

得那麼好看，不像我長得這副蠢樣，該煩惱的人應該是我啊！」

「其實，我也很害怕呀！」米蓮娜裝了個鬼臉，並坦白地對女孩說出心裡的話。

女孩聽後忍不住笑了，米蓮娜聽見女孩的笑聲，也跟著尷尬地笑了出聲。兩個緊張大師也因為這一笑，心情變得輕鬆起來了，不再那麼緊張。

她們相互給了對方一個勉勵的微笑，一齊走向那個人聲嘈雜的地方，米蓮娜頻頻轉頭看看身邊的女孩：「妳沒事吧？」

女孩點了點頭，至於米蓮娜自己，因為這個關照分心，不知不覺地也忘記緊張了，更忘記了人言八卦的顧慮，自在地和人們寒暄閒聊了起來。

回家時，米蓮娜和她的新朋友談起今天的感受，女孩主動問米蓮娜：「今晚妳感覺如何？」

「嗯，我覺得比過去的狀況好許多了，這種感覺實在是美妙極了。」米蓮娜開心地說。

「我也這麼覺得，我想那是因為我們發現自己並不孤獨。」女孩笑著說。

聽見這句話時，米蓮娜心頭為之一振：「是啊，我總覺得自己孤立，總以為所有人都自信十足，唯獨我除外。但今天卻遇到一個和我同樣自卑的人，原來我們都被無謂的自我否定吞噬了而不自知。若換個角度想，會不會那些看來意志高昂且談笑風生的人，心中其實也是忐忑不安？」

為了找到答案，米蓮娜決定從身邊的人調查起。

她第一個想知道答案的人正是報社的總編輯，這個總是粗魯無禮對待她的總編，真有那樣的自信和傲氣嗎？走進報館，米蓮娜深吸一口氣，接著便對著總編輯說：「道格拉斯先生，見到你

真高興！」

若照往例，米蓮娜都是一面把稿子丟在桌上，一面低聲地說：「我猜想你一定會不滿意，如果要改的話，那就麻煩你了。」

但這一次，米蓮娜改口說：「道格拉斯先生，我真希望你會喜歡這篇稿，我知道，如果寫得不好，你的工作一定會加重，而且肯定非常吃力的。」

「是很吃力。」總編輯忽然嘆了口氣，那張常見的冷酷面孔忽然不見了。

米蓮娜發現真的有了變化，於是悄悄地坐了下來，就在她坐正時，兩個人的目光同時交會，米蓮娜笑著看著眼前的恐怖總編，忽然間，她發現他並不咄咄逼人，還是個看起來性情溫和的男人。

再看看他的桌子上擺放著全家福照片，米蓮娜笑著問：「家人好不好？」

總編聽見米蓮娜的問候，露出了難得一見的微笑。就在那一刻，兩個人一直存在的芥蒂不見了，甚至話匣子一開，兩個人竟滔滔不絕地聊了好久好久。

從孤立自卑到開朗樂觀，你是否也感受到米蓮娜的快樂轉變？

生活中我們常受制於「個人想法」，所謂「個人」很多時候與別人無關，而是我們自己。人生的困和限，都是我們自己找來的，就像米蓮娜和那個女孩的遲疑腳步，就像米蓮娜和總編早先的互動情況。

「個人想法」其實只會禁錮自己的心而已。

再換個角度說，那些惡意或別有居心的批評指涉，只是突顯別人氣度不足且心胸狹隘，像這樣的耳語我們又何須在意？何須

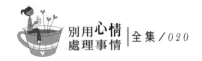

放在心上念念不忘？

　　只要轉念想一想，時時關照自己心裡的快樂觀感，明白人言一時，自己卻要生活一世，內心就不會因為偏差的念頭或人們的閒話感到困擾。

　　人際交流中，總有些距離遙遠的人，也總有能和我們心意相通，願意包容你我的人，我們只需珍惜後者，淡然看待前者，生活自然時時暢快。

不要任由心情消磨你的生命

不要以一切事情都可以依靠自己的心情做決定，若是經過冷分析、理智處理，便會發現過去的自己有多可笑。

衡量一個人成功的標準就是在一個時光消費過程，從中贏得或創造了多少價值；這個曲線會清楚描繪出一個人的生命價值，也是你存在的證明。

時間就在你手上，要浪費或是珍惜都在於你的選擇，感覺浪費時，你對不起的人是你自己！

不論時間對你來說是多還少，沒有人會否定，時間其實是由自己支配的，但是明知道時間的支配權在手中，還是有許多人抱怨：「時間還真難分配。」

其實，分配時間並沒那麼困難，會感到困難，是因為我們習慣了任由自心情消磨自己的生命！

如果，你也和大數人一樣，常常覺得無法有效掌控時間，不妨聽聽下面故事中的教授怎麼說。

今天，小薇比平常早起，因為她報名參加一位外籍講師的課。這是個來自新加坡的外國講師，知道外國人最講時間效率，所以即使早起仍然遲到的小薇，害羞地從後門走進去，悄悄地選了最

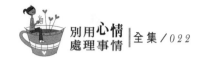

後面一個位置坐下。

這位講師曾在美國、香港的一些著名企業擔任過主管，講課非常生動，有條理又有深度。

下課時，老師走下講台到她身邊，問道：「妳聽得懂嗎？剛剛我先講了企業管理三個部分，然後才開始講授關於企業結合案例，若是不懂，妳現在可以提出任何疑問。」

小薇聽了有些不好意思，以為老師不會注意她晚到，只見她怯怯地說：「對不起，路上塞車，我晚到了。」

「沒關係，妳不用向我道歉。真的，我的時間已經被妳購買，這時間由妳支配，我只要盡力為大家服務就好。」講師笑著說。

小薇看著他，開玩笑地說：「這太自由了吧！如果您能在這兒當老師，我敢說一定會是最受歡迎的人。」

「怎麼這麼說？這是很正常的觀念啊！我在新加坡長大，在美國求學，每個孩子都是自己選課、選講師，選課前我們還會去試聽所擇選講師的課，確定後再付足一學期的學費。平時上課，老師根本不管我們什麼時候去聽課，什麼時候，他們只管好自己的準備功夫，哪怕只有一個人來，也會認真地講課。對他們來說，時間已經被學生購買，就必須盡力講課，有好的服務精神，才會繼續被『購買』。」講師說。

第一次聽到這個時間觀念的小薇，聽得都呆了，因為這種說法，完全顛覆了她的傳統概念。

講師接著又補充說：「我到過一些大學，真不明白為什麼你們每次上課都點名簽到，有的學生不來上課還要裝病，或者請別的同學代為簽名？大學並不是義務教育！是你們付費來學習的，老師講課的時間被你們購買了，你們遲到或不來，損失的人是你們自己，那就好像是到商店付錢買東西，最後卻沒把東西拿回家

一樣，怎麼會是你們向商家道歉呢？」

　　這個「時間理論」不只小薇沒聽過，想必就連你我也未曾聽聞，當教授提出這個時間觀念時，你是否對人生時間也有了不同的觀想？

　　簡單來說，教授的時間觀念可以用兩個字來解釋，那便是「責任」，無論學生多寡，老師都會做足準備後再進教室，以示他對教育的責任心和執著；至於學生，應當明白時間是操控在自己手中，一分一秒都不能浪費，既然決定花錢進修，那麼不去上課真正損失的不是教授，而是自己。

　　對於那些把學習視為是老師的事，一切都事不關己的學生來說，這無疑是當頭棒喝。至於那些把進修看做薪資加碼、混時間拿證書的人，從教授的時間理論中，想必開始會有不同的想法。

　　不要以一切事情都可以依靠自己的心情做決定，若是經過冷靜分析、理智處理，便會發現過去的自己有多可笑。

　　不要任由心情消磨自己的生命，人生時間不多，決定了「購買」某個時段學習，便要認真用心地從中尋找收穫。

　　即便時間不多，但只要能認真學習，分秒不浪費，那麼在「潛移默化」的作用下，定會得到想像不到的收穫。

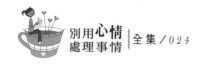
勇敢跨越困境，突破生命潛能

只要願意面對，願意親自體會，願意忽視怕冷的內心，再冷、再難的關卡一定都能慢慢適應，輕鬆地走過。

看見運動選手超越自己的那一刻，你是否也經常跟著他們激動不已？當選手們苦熬過每一個難關終至成功時，你是否也常不自覺地跟著感動鼓舞？

是的，多數人都喜歡看生命怎麼挑戰極限、挑戰不可能，更喜歡看見人類如何突破困境和險境。

只是，當自己面對相似的難關時，又是否能像他們一樣戰勝膽怯，勇敢面對，積極突破呢？

風雪下得可真大，鼻子被凍得紅通通的雷科巴老師匆匆走進教室。好不容易漸漸溫熱的教室，又因為老師忽然開門，硬是被灌進了一股強大的冷風，風不僅強勢灌進了超低溫度，還順勢把牆壁上的世界地圖吹撥了下來。

這個冷風同時也挑起同學們一陣騷動，雷科巴先生則是一臉冷酷的模樣，看起來不像往常一樣溫和親切。

沒想到，就在這個時候，雷科巴先生忽然大聲地說：「同學們，請把書本闔上，我們到操場上去。」

同學們一聽，全都瞪大了眼睛，不約而同齊聲問道：「為什麼？」

「我們要到操場上站五分鐘。」雷科巴語氣堅定地說。

「天氣這麼冷，還要我們站在大雪之中受寒，老師今天是不是被凍壞了腦袋啊？」同學們忍不住議論著。

不管雷科巴老師臉色多麼威嚴，還是有同學拒絕到屋外，雷科巴並沒有強迫他們，只淡淡地說：「你們將失去一個最好的學習機會。」

包括雷科巴先生在內，一行人抖著身子走到操場上，外面滿是白雪覆蓋，就連籃球架上也輕輕地積了一行行小雪堆，屋外的雪沒有停的意思，小雪粒不斷打在大家的身上臉上，一個個學生被猶如刀割的冷風颳得哇哇大叫，有些人還不停地原地跳動著。

這時，有個女同學忽然往回跑，同學見狀，也跟著往教室的方向跑去。就在這個時候，雷科巴先生忽然跟著回頭，不過他卻是立定腳步，忽然脫去了保暖的羽絨外衣。

同學們一看，個個目瞪口呆，雷科巴先生又再次喊叫著：「快到操場，快去站好。」

同學們沒人敢再吭聲，一個個老實地到操場排好三列縱隊，規規矩矩地在操場上站立著不動。

五分鐘過去，雷科巴先生這才開口說話：「好了，解散。」

只是這聲解散後，卻不見同學們快跑回到教室，居然慢步往回走，原來，冷風已沒那麼具有威力了。

回到教室後，雷科巴先生笑著說：「剛剛到操場上磨練的人一定有不少心得。剛剛在教室時，大家不是都覺得自己敵不過這場風雪嗎？但事實上，讓你們在風雪中站半個小時，不也挺得住嗎？即使要你們只穿一件襯衫，一定也不會有問題的。孩子們，

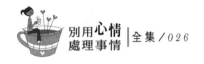
遇到困難時，大多數人總愛用放大鏡放大困難的程度，但只要我們願意面對困難，任何人都會發現，困難不過如此！」

那些乖乖走向風雪的學生們，聽見雷科巴先生這麼說之後，個個都用力地點頭贊成，其中一個男同學還補充說：「是啊！而且挺過之後，我覺得這氣溫一點也不冷呢！」

聽見最後一個男同學慶幸自己沒有縮在教室裡，而是能在風雪中學會面對嚴寒，你是否也覺得感動呢？

運動選手們經常以挑戰人類體能極限為志，總以超越自己、超越前人紀錄為人生目標，表現出來的不僅僅是個人意志，更是要讓後人知道：「沒有人知道生命的最高限度在哪兒，我們只知道生命本身有個科學無法探測的無限潛能，為此我們必須更加積極地尋找生命的真正極限！」

雷科巴先生的機會教育，正是要同學們勇敢嘗試，因為只要試過之後，自然而然地就會發現，原來每人適應溫度的能力比自己想像中還要來得好。這就像面對生活中的困難一般，只要願意面對，願意親自體會，願意忽視怕冷的內心，再冷、再難的關卡一定都能慢慢適應，輕鬆地走過。

機會到手，就要積極把握

錯過了就是錯過了，再多的懊悔也無用，機會
是不等人的，抱著忐忑不安的心情猶豫不決，
只會使它加速離去。

看見心儀的人時，你都會怎麼表現自己？是鼓起勇氣向對方
表示心中的愛慕，還是躲得遠遠的，癡癡望著對方，然後讓自己
苦心思念？

與其等待觀望，不如上前表示心意。即便被拒絕了又何妨？
至少試過了，明白對方心裡沒你的位置，或是早有真情人，那麼
就可以回復理性，不再心存幻想，積極另覓屬於自己的真正伴侶。

麥可在禮品店裡已經徘徊了快半個小時，想挑一份最能表達
心中愛意的禮物給心儀的女孩。

「要怎麼挑選？要夠特別，她才會記住我，但又不能太俗氣，
不然肯定會被她扣分的。」麥可苦惱地想著。

看著琳瑯滿目的時尚禮品，再看看那些讓人心驚膽跳的價格，
這個囊中羞澀的男孩，最終還是豎起衣領尷尬地朝門外走出去。

「年輕人，買個草製小白兔吧，只要一元。」正當他苦悶萬
分時，有位中年婦女朝著他走過來。

麥可看著婦人籃子裡的小白兔，那是用各種花布和橡皮筋紮

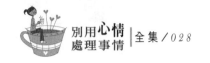
成的，有著紅眼睛和紅嘴巴，模樣十分可愛。婦人還說，這花布裡包著泥土，兔子的耳朵裡則塞了不同的花草種籽。

「只要每天為它澆水，大約半個月以後，種子就會發芽，並長出青草，那些青草就成了兔子的兩只耳朵，會很可愛呦，女孩們都很喜歡。」婦人像猜透了男孩的苦惱，一股勁兒地慫恿著他。

「好吧！請給我一個。」男孩帶著懷疑買下了這個據說會發芽的小白兔。

回到宿舍，麥可將草製小白兔放在窗台上，每天都十分用心地澆水，也向上天祈禱，希望點讓種籽發芽，早點讓兔子的耳朵長出青草。他總是這樣想像著，送給女孩這個充滿綠意又別緻的小東西，女孩會有多麼感動的神情，又如何地羞澀地對著他說：「我把心交給你了……」

每天，男孩都會準時為小白兔澆水，甜蜜的想像裝滿了他這段等待時光，直到女孩生日的那天。

女孩的生日晚會上，追求者們紛紛送出禮物，其中有生日蛋糕，也有名牌時裝，更有芬芳的鮮花，當然更不乏貴公子送的昂貴首飾，女孩擺放禮物的桌上滿滿的東西，一個比一個昂貴特別。

那麥可呢？他當然也出現了，可是他卻空著雙手出現，因為他的小白兔並沒有如預期中發芽。女孩滿懷期待地望著他，眼神似乎正透露著什麼，麥可似乎也感覺到了，但此刻的他只想一頭鑽進地下。

眼看著女孩拒絕一個又一個追求者的邀舞，麥可的頭也越來越低，甚至很害怕接觸到女孩的目光。在那堆豪華的禮物面前，他滿心慚愧，在歡笑聲中，他甚至沒有向女主角告別，隨便找了個藉口離開。

麥可氣惱地望著小白兔：「這是什麼鬼東西？根本是騙人的，

以後不再幫你澆水了！」

　　期末考試接近中，麥可把全部心思投入在功課中，每天都把時間安排得非常緊湊，爲的當然是壓抑自己不再去想念女孩。他還暗暗發誓，將來有錢時，一定要爲她買件昂貴非凡的禮物。

　　這段期間他不再追蹤女孩的倩影，只想著要好好努力，有一天讓女孩知道他的本事。

　　不久，學校放寒假了，大家開始收拾行囊，準備回家，就在這個時候，麥可突然發現窗戶那兒有片綠意，仔細一看，小白兔的頭上真的長出了一片嫩綠青草！

　　麥可這會兒竟慌了，又是興奮又是懊悔：「早知道就把東西交給她了，嗯，現在送她也不晚啊！」

　　是的，時間上確實未晚，只見他飛奔至女孩宿舍門口，但女孩早已離開了，朋友們對他說：「前天一放假，她就和男朋友走了。」

　　男朋友？這三個字像針一樣刺進他的心，難道初戀就這樣夭折了？

　　「你不知道瓊絲很欣賞你嗎？可是你在她生日宴會那天卻一點表示也沒有，而且還一臉冷酷的模樣，唉，你不知道她有多失望嗎？哪怕你只有一張卡片，她都會非常開心。」女孩友人說。

　　「這，真的嗎？我⋯⋯」現在不管怎麼說都沒有用了，女孩身邊已經有了伴，他的小白兔這時才發芽，根本是在和他開玩笑啊！「唉，早知道，就在生日那天就送給她，然後和她一起澆灌這愛情的幼芽。」麥可嘆了口氣說。

　　錯過了就是錯過了，再多的懊悔也無用，此刻除了訓誡男孩，

下一次要勇敢表白之外，不知道你還想給他什麼建議呢？

　　女孩離開了，代表著男孩不夠主動積極。有些事是不能等的，當下不行動，一旦錯過了想再回頭把握，恐怕便會像故事中的男孩般，眼睜睜看著女孩輕挽著另一個男人的手一去不回。

　　愛情是這樣，生活中許多事也是如此。男女情事未來充滿變數，難料兩個人最終會聚一起，生活中的許多機會不也是錯過了便要變樣？機會一旦錯失，想再挽回就不是件容易的事了。

　　機會是不等人的，抱著忐忑不安的心情猶豫不決，只會使它加速離去。不論做什麼事總得十分用心地做好準備了，總要積極一試，不然又怎麼知道可能的結果呢？

整理自己的情緒，便能看清心意

只要能夠揮別忐忑不安的心情，冷靜面對自
己、妥善整理自己的思緒，便可以看清自己真
正的心意。

愛人要有勇氣，更要有耐心，能夠輕易達成的始終不夠牢靠，
一點一滴加溫，戀人們的愛情才能穩固且長久。

愛情就像種植花草一樣，少了一點耐心便草枯花謝，少了一
點時間經營，下一秒熱戀情人便會成陌生人。

用多一點時間經營或等待，找一個真正對的人，總比匆促找
一個錯誤的伴耽誤一生來得有意義多了。

有個女孩暗戀一個男孩，但因為本身的矜持，讓她不知道該
怎樣表達心中的愛意。就這樣，女孩任憑她的愛無限延伸，直到
有一天，才終於決定向男孩告白，只是動作仍然有些含蓄。

第二天，男孩放學時，在書櫃裡發現一個透明小袋子，裡頭
裝的是一小袋檸檬茶葉。男孩看了並沒有任何反應，隨手把茶包
丟進垃圾桶，然後匆匆離開。從那天起，男孩每天都要扔掉一包
檸檬茶，從未問過是誰送的。

有天早上，太陽才剛剛升起，男孩早早來到校園，在草地上
看見一個女孩似乎很著急地在尋找什麼。

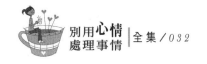

終於，女孩找到了不小心掉在地上的檸檬茶包，女孩擦了擦檸檬茶的表面，然後匆匆跑進了教室。男孩跟了過去，見她細心地把一袋檸檬茶放進一個透明袋子裡，然後再撕掉雙面膠布後將它黏在男孩的書櫃裡。

男孩看見了，還是沒有任何反應，放學時，還是悄悄地把它丟進垃圾桶，頭也不回地走了。

就這樣一天又一天，女孩不間斷地將一袋檸檬茶放進這個書櫃裡。

直到有一天，男孩不見那袋檸檬茶包。從那天起，他再也沒有收到女孩的茶包了，心裡有些悶悶的，臉上竟開始出現了愁容。

又過了幾天，男孩起了個大早來到學校，然而當他再次打開抽屜時，仍然不見那個「檸檬茶」。

男孩失望地看著窗外，忽然發現一個熟悉的身影，男孩急急地跟了過去，是那個「檸檬女孩」，那女孩看起來有些著急煩惱，只是去商店買東西又不是去搶，用得著這麼緊張嗎？

男孩跟近一看，見女孩買了一大包新的檸檬茶包，然後塞進她的書包裡。

女孩開心地走出店家，卻見男孩就站在門口，讓害羞的她看傻了，呆在那裡進退兩難。至於男孩，則緩緩地朝著女孩方向走來，眼眶泛紅，哽著聲音說：「我發現原來檸檬茶的味道是最好的，這幾天我的心情很糟，現在我才明白，我已經，習慣了妳的檸檬茶香……」

女孩傻傻地望著男孩，臉蛋有些泛紅，男孩仍繼續說：「這幾天，我很努力地尋找檸檬茶的出處，卻什麼都沒有發現，直到我來到這裡。」

　　經營愛的過程很奇妙，有些人總能耐心等待，但偏偏會遇上冷淡裝酷的對象；大方的人，有時雖能遇到大方對象，但望著他們熱情回應時卻又覺得欠缺誠意，矛盾愛情的說法便是這樣來的。

　　所以，常有人說：「多花一點時間仔細看，才不會找錯了目標。」

　　就如同故事中的男孩和女孩，看似不理睬的男孩，或許也是在等待著真正感覺的到來。他們從累積習慣進而成為自然，其中過程雖然時間漫長，但若能因此而尋得真心相愛的戀人，時間未嘗不是一等一的好媒人。

　　也正在單戀某個人的你，看著故事中男女主角從開始到迸出火花，是否也心動了？又是否也願意先放下焦慮心思，願意調整好心情，用時間來確定兩個人是否是最合適的伴？

　　執著的女孩讓人心動，遲鈍的男孩讓人不禁莞爾。現實生活中要得如此單純簡單的愛戀並不難，最重要的是你自己怎麼看待愛人與被愛。

　　我們都曾用心等待美麗愛情，雖然不是每次都能得出好結果，但當茶香不再時，常常是我們領悟誰才是心中最愛的時候。

　　只要能夠揮別忐忑不安的心情，冷靜面對自己、妥善整理自己的思緒，便可以看清自己真正的心意。

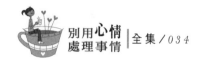
態度有禮才能無往不利

所謂「禮多人不怪」，就算心裡有著滿腹牢
騷，也要維持基本的「禮貌」，至少能夠讓自
己行事更加順利。

　　朋友在某間名品服飾店閒逛，或許那天她穿得很「普通」，
不像有特別「品味」會去消費的客人，所有店員都不理睬她。

　　當她樂得輕鬆，沒有人會在旁邊強力推銷時，一件無禮的情
形發生了。

　　當朋友正準備翻開放在架上某件上衣時，一個店員態度傲慢
的倚在架子旁，一隻手按住朋友即將翻開的衣服，抬高下巴用鼻
孔對她說：「不好意思，這衣服很貴，不是妳買得起的。」

　　就像電影〈麻雀變鳳凰〉女主角被店員羞辱那一幕，朋友毫
不示弱，當下拿出她的錢包，露出白花花的鈔票和一堆卡「秀」
給店員看，表示自己有足夠的消費能力。店員馬上態度大變，極
為謙恭的為朋友介紹。

　　在聽完店員一系列的解說和服務後，朋友對店員說：「一開
始，我真的打算花上一大筆錢，你們的商品我也很滿意。但是，
由於妳這種不禮貌的行為，讓我打消了消費的念頭。」

　　說完這句話，朋友瀟灑的離開那間店，留下懊惱的店員。

　　朋友的做法並不是要用「擺闊」、「有錢是大爺」這種態度
來壓人，只是提醒對方，無論面對什麼人、是否消費，都該給予

基本的禮貌與尊重，不管你是給予者或接受者。

有兩個人到曼哈頓出差，其中一個看到馬路對面有個賣報紙的小攤，就走過去想買份報紙。

接過報紙後，他發現自己沒帶零錢，只好遞了一張十美元的鈔票，對賣報紙的小販說：「找錢吧。」

小販一聽，很不樂意對他說：「先生，我來上班可不是給人找零錢的。」

這人因此沒有買到報紙，悻悻地回到馬路對面。

他的朋友安慰他：「不用急，你在這兒等著，我過去試試。」

朋友來到報攤前，同樣遞過十美元鈔票，對小販說：「先生，對不起，不知您是不是願意幫我個忙？我是外地來的，想買份報紙，可是身上沒有零錢，你看能不能幫我把十元換開？」

小販聽完話後，順手抓起一份報紙，遞給他說：「拿去看吧，這次不用付錢。以後你有零錢，再給我就好了。」

英國辭典作家約翰遜曾經這麼說：「禮貌就像氣墊，裡面什麼也沒有，卻能奇妙地減輕我們所受的顛簸。」

為何故事中的第一個人被老闆拒賣，第二個卻得到免費的報紙呢？其實，只有一個簡單的道理，那就是表現出來的態度「禮貌」與否。

第一個人真正惹火老闆的原因不在於找錢的麻煩，而是一副「花錢是大爺」的口氣。老闆的立場是，「雖然我賺你的錢，但是我也有自己的尊嚴。」

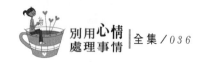

　　或許多數人寧可要「金錢」，而不在乎「禮貌」。

　　但是，「禮貌」能讓很多事情進行得更順利。所謂「禮多人不怪」，就算心裡有著滿腹牢騷，也要維持基本的「禮貌」，至少能夠讓自己行事更加順利。

　　做事想要無往不利，態度千萬得記得有禮。

拒絕沉溺過去的情緒

不管今天是成功還是失敗，日子總會過去的，想突破失敗困頓，就一定要記住，積極樂觀地面向明天。

作家西里曾經寫道：「同樣一件事情，用不同的心情去面對，最後所得出來的結果，通常會大相逕庭。」

確實，心情是決定事情成功與否的重要關鍵，心境一旦改變，事情就會朝不一樣的面向發展。

人要過得自在，就必須讓時時擁有好心情，不陷溺過去，不欣羨別人。

當多數人欣羨著他人的財富時，無疑正把無價的時間浪費在空想，殊不知，財富是需要靠時間來累積的，光是著急也無用。

事實上，擁有時間的人才是真正富有的，僅擁有財富卻沒有時間的人是貧窮的，真正能守住時間的不是財富，而是一顆充實的心。

在非洲，有一個名叫「時間」的富人，擁有數不盡的家禽牲口，擁有的土地更是無邊無際，倉庫裡的箱子、櫃子則塞滿了各式各樣的金銀財寶，穀倉裡也滿滿都是糧食。

當然，富翁的財富也吸引了不少人的好奇，特別是在這個多

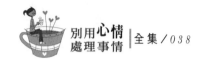
數人都是貧窮的地方，不少人從各地遠道而來，就為了看一看這位傳說中的富翁，想聽聽他是怎麼賺得大筆財富，更想看看這個家財萬貫的人是怎麼生活的。

不同國家派遣使節到訪，找到富翁時，看見他正將牛、羊和金錢全都分派給窮人。

大家了解情況後，無不感佩他的慷慨善心，甚至還感動地說：「如果沒有親眼見過時間富人，根本就是白活了。」就因為如此，年年都有人到這個非洲部落尋找時間富翁的蹤跡。

又過了很多年，有一個部落也決定派使者去拜訪時間富人，臨行前，酋長對使者說：「到了時間富人居住的地方，一定要想盡辦法找到他，更要向他請教致富的方法，最重要的是要親眼證實他是否像傳說中那樣富有和慷慨。」

使者來到富人居住的城邦，就在城外，遇到了一個看起來瘦弱且衣著襤褸的老人。使者上前問他：「請問，這裡有沒有一位名叫時間的富翁？請您告訴我們，他住在哪兒好嗎？」

老人一聽，皺著眉頭喃喃道：「是的，時間富翁就住在這兒，他是這城裡的人，他是富有的人，人們都知道他是誰……」

望著這位眼神有些呆滯的老人家，使者只得進城去問其他人：「您好，我們要找一位時間富翁，聽說他是個傳奇人物，不知道您知不知道他在哪兒？可以告訴我們嗎？」

使者說這話時，剛剛在城外遇到的那位老人正巧從他們身邊走過，路人立即指著那個老人家：「他就是時間啊！你們要找的人就是他。」

使者轉身一看，卻是那個又瘦又老、衣衫不整的老乞丐，簡直不敢相信自己的眼睛，直問：「他真是時間富人嗎？他就是傳說中的富人，不會吧？」

「不相信的話，你自己去問他。」路人不大高興地說。

使者不得已只好上前問老人家，沒想到得到的答案真是：「是的，我就是時間，我確實曾是最富有的人，不過現在卻是全世界最貧窮的人了。」

使者嘆了口氣說：「人生確實難料，可是我是身負使命的，這要我回去怎麼向同胞說明呢？」

老人家想了想，說：「你就這麼對他們說，這個『時間』已經不像過去的那個『時間』了。」

時間總是會過去的，前塵往事無論是風光還是窘困，都僅止於當下一時，未來變數很大，富有的人不代表一輩子富有，若是揮霍無度，銀山金山仍會隨著時間消逝。

反之，一時的貧困並不代表一輩子都會如此困厄，只要能積極振作，能夠奮發向上，每分每秒都不隨意浪費，時間一定會一路支持著我們，讓我們直達成功的高峰。

看著時間老人的貧富感慨，或許我們應該用更積極的角度揣想老人的話中含意，明白昨天不管成功或失敗，都不代表今天依舊會如此。唯有放下陷溺於過去的心情，才能看見光明的未來。

時間老人的結果，無非就是要告訴著我們：「不管今天是成功還是失敗，日子總會過去的，想要持續保持成功光芒，想突破失敗困頓，就一定要記住，積極樂觀地面向明天，才是你我面對人生應有的態度。」

PART2

放下懊悔，才有成功機會

現下要把握的還很多，

我們該做的便是放下懊悔的心情，

正面迎向未來，

認真省思、修正自己的弱點，

讓自己更積極地邁步向前。

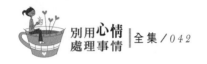
放下壞情緒，就能找到出路

 只要在人生的道路上，懂得放下苦悶的心情，
願意冷靜下來轉念想想，生活自然越走越充滿
希望活力。

　　無論是工作或是生活本身都是極純粹的，之所以充滿困厄、
煩惱、計較和不滿，全是自己造成的。

　　不少人因為對生活抱持悲觀的想法，總偏著頭「構思」生活
該是悲傷、困厄和煩悶，所以就得出眼前的悲慘生活！

　　眼前困頓、愁苦的心情都是自己編造的，怨不得別人。如果
你一點也不想過這樣的生活，現在就把心念調整，讓腦袋時時充
滿趣味的生活畫面，也時時用喜樂的心情帶動自己的人生觀感。

　　如此一來，眼前的生活對你而言，即便是困境，走著走著也
朝向順境，艱辛揮汗時也會露出歡欣笑容。

　　「師父啊！我們現在待的這間公司一點也不懂得用人，我們
兩個人又老被同事欺負，唉，您知道我們有多痛苦嗎？我們是不
是該辭掉這份工作呢？請您給我們一點指點吧！」兩位信徒向老
師父問了同樣的問題。

　　兩個人安靜地等著老師父開示，老師父卻緊閉著眼睛，一句
話也不說，等了老半天，才簡單地給他們六個字：「不過是一碗

飯！」然後便揮了揮手，示意他們離開。

這答案十分含糊，但是看到老師父不想多說，他們只得各自回家領悟。

幾天之後，兩個人分別得出了結果，其中一個人遞了辭呈，返家種田，另一個則決定待在公司苦熬。

轉眼十年過去了，回家種田的信徒，以現代化的技巧經營農業，積極將品種改良，並以商業化的行銷方式推廣自家的產品，終於受到人們肯定，還成了當地的農業專家。

至於另一個留在公司的信徒，情況也不錯的，他忍住脾氣，努力學習，慢慢受到公司器重，最終坐上了經理的位子。

這天，兩個人再次遇上，農業專家對著經理說：「老師父給了我們同樣的六個字，其實我一聽就懂了。不過是一碗飯嘛！何必苦困難過？轉念一想，便覺得不必勉強自己待在那裡，於是我便辭職了。」

經理點了點頭，表示肯定，這時農業專家卻反問他：「怎麼你為何沒聽老師父的話呢？」

「我聽了啊！師父說『不過是一碗飯』，不必生氣，不必埋怨！轉念一想，不過混碗飯吃嘛！老闆說什麼就是什麼，然後我便不再賭氣，不再計較，事情不就解決了？」經理笑著說。

專家一聽，也肯定地點了點頭，於是兩個人相約一同去看老師父，當他們向老師父提起這件事時，依然等了半天才得到老師父回應，也依然只得六個字：「不過是一念間！」

作家喬治·桑曾經說：「瞋怒的心情，經常會使小過變成大禍，讓自己從有理變成無理。」

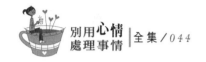

確實如此，心情好壞往往決定事情成敗，無論面對任何事情，必須切記先將自己的心情處理妥當以後，再處理事情，千萬別讓心情影響自己所做的任何判斷或決定，才不會造成事後懊悔不已。

對你來說，眼前橫擺的，真的只是「一碗飯」的問題嗎？還是有著其他更讓你困惑為難的問題？

生活、工作中，無論遇到什麼情況，重點其實不在那一碗飯的考量上，而是老師父的最後一句話：「不過一念間！」

無論是遇到困難，還是人事紛爭，想走出難關，想遠離是是非非，一切關鍵便在於我們的「一念」，只要能時刻往正面方向思考，眼前的是是非非便成了無聊小事，轉念便忘。

至於遇到的困難，心念一轉，便也成了生活中最美妙的插曲，也成了我們精采生活的最佳題材。

雖然農業專家和經理得出的結果不同，但是他們的那一念間，卻有著共通的體悟：「一切關鍵都在自己，問題的癥結在於多數人只知道抱怨，卻始終未能自省；只要敞開胸懷，就能勇敢面對生活中的一切困厄和不順。」

想填飽肚子不難，只要在人生的道路上，懂得放下苦悶、忿恨的心情，願意冷靜下來轉念想想，生活自然會在每一次轉念後，找到新的出路，並且在人生道路上越走越順暢快樂，也越走越充滿希望活力。

替自己的人生調出快樂的顏色

 無論世界怎麼變化，社會如何現實殘酷，只要
不迷失自我，不放縱情緒，能自信展現自己，
自然能帶動身邊的人們充滿希望活力。

　　習慣埋怨環境差的人，其實所有怨懟都是對著自己而發的，
看似責怪世界社會的不公，實則隱著對自己不足的煩惱和不滿。

　　每個人所擁有的環境原本都是塊淨白無瑕的紙張，世界該是
怎樣的面貌，自己想有個什麼樣的社會環境，全看自己怎麼執筆
彩繪。

　　想有個歡樂氣氛的世界，就跟著你的想望去調色，然後世界
自然會展現出你想要的繽紛色彩。

　　一個十六歲的少年向一位長者問道：「請問，我要怎麼才能
成為一個自己快樂之外，還能帶給別人快樂的人呢？」

　　長者笑著說：「真難得，你年紀輕輕便有這個想法，多少人
到老還想不通這件事呢！好孩子，讓我送你四句話吧！」

　　少年點了點頭，安靜地聽著。

　　「首先，就是把自己當成別人。你要不要說說看這句話的含
義？」長者親切地引導著少年思考。

　　少年回答：「是不是說，當我感到痛苦憂傷時，要想想那些

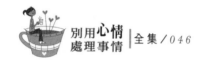

比我更辛苦的人，這樣痛苦就能減輕；又當我欣喜若狂時，要想一想那些過度狂歡者，好讓自己能遠離瘋狂舉動？」

長者微微點頭，接著說：「第二句話是，把別人當成自己。」

少年沉思一會兒說：「是不是將心比心的意思？要能真正同情別人的不幸，並細心理解別人的需要，這樣才能在別人需要的時候給予適當的幫助？」

長者點了點頭，繼續說著：「第三句是把別人當成別人。」

少年毫不猶豫地說：「我知道，就是要充分地尊重每個人的獨立性，不管在什麼情況下，我都不可以侵犯他人的核心價值與自主權利。」

長者笑著說：「真是個聰明的孩子！」

「至於最後一句是，把自己當成自己。」長者說。

「把自己當成自己？」少年喃喃道。

「回去慢慢體會吧！相信你一定能領悟到的！」長者鼓勵著少年。

少年點了點頭，一時間他確實無法領略，事實上這四句話原本就存在著自相矛盾的情況，實在需要好好整合一下。

看著少年困惑的臉，長者笑著說：「孩子，這其實不難，只是你得用一生的時間和經歷去找答案。」

少年點了點頭，便轉身離開了。時光荏苒，少年轉眼成了中年，跟著又成了一個老者，直到死去。

那答案呢？這麼解吧！在他死後很久，人們仍時時提起他的名字，他們都說，他是個智慧老人，是個充滿樂觀活力的智者，每當看見他，每個人都覺得生活充滿希望與快樂。

　　看完故事，你是否也渾身溫暖感受？或者，我們可以這麼說，所有人無不渴望身邊能有個這樣的朋友陪伴，是吧？

　　然而滿心盼望著的時候，我們也該想一想，自己是不是也能滿足別人的「希望」？人跟人之間依靠的不僅僅是「心」的互動，更要有「理」的輔助。當對方滿足了我們的需要之後，別忘了，也要有相同的付出，然後才能真正構築出你我心中的夢想世界。

　　其實，長者的教誨不深，每個人的成長腳步便是如此，第一步本來就是要學會「樂觀」和「自律」；接著，在開始與人互動或步入社會之後，便得學習「體諒」和「尊重」。

　　最終，無論世界怎麼變化，社會如何現實殘酷，只要能守住「自己」，不迷失自我，不放縱情緒，能自信展現自己，那麼我們自然時時刻刻都會是樂觀積極的，也自然能帶動身邊的人們充滿希望活力。

　　簡單來說，生活就是從「自己」開始，這個世界是灰暗還是明亮，不是看天氣怎麼變化，而是依著每個人怎麼想像。「把自己當成自己」便是要相信自己，決定了就盡力去做，最後再為自己的成果負責，一如長者的寓意：「人生是美或醜，全由自己來決定！」

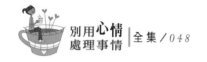
放下懊悔，才有成功機會

現下要把握的還很多，我們該做的便是放下懊悔的心情，正面迎向未來，認真省思、修正自己的弱點，讓自己更積極地邁步向前。

習慣回憶的人應該都知道，當你回憶過去一切的時候，總是很容易憶起失去的和錯過的記憶。這些讓人傷神的追憶動作，對大多數人來說，其實壞處多於好處，反而讓本該積極生活的當下徒添感嘆。

何必用淚水怨嘆失意？又為何要用不必要的情緒感傷失去？珍惜現在吧，與其後悔感傷，不如用微笑與更積極的態度走向明天，如此一來，我們的人生才能真正不留遺憾。

有個窮人死後來到天堂，見到上帝出現時，很不客氣地大吼著：「上帝！我要問您一個問題！」

上帝說：「說吧！」

「好。人人都是你的孩子，不是嗎？」窮人問。

「是！」上帝說。

「既然是的話，您怎麼能讓少數人擁有那樣多的財富，卻讓大多數人貧窮受苦呢？」窮人憤憤不平地說。

「你這麼說就不對了，其實所有人擁有的財富是一樣的！只

是每個人能拿到多少，卻由不得我！」上帝無奈地回答。

「您騙人！明明就是窮人多，富人少啊！」窮人不滿地說。

「跟我來吧！」上帝帶著窮人來到了一個隱密的地方，這裡放了一本人間檔案：「你隨便翻吧！然後你就會發現，我分給人們財富確實都一樣。你看，牆上點著的顏色不都是金黃色的，沒有任何不同之處啊！」

窮人仔細地看了看牆壁上密密麻麻的點點兒，的確沒有一顆是不同的，但還是嘀咕著：「怎麼可能，我哪有什麼發財機會？根本是在騙人！」

「來，把你的大拇指按住這個點，然後閉上眼睛，看看你的過去吧！」上帝抓起窮人的手，按在他名字的小金點上。

這時，他才八歲，父母相繼過世，沒了依靠也失去學習機會，這時他看見遠房伯父正和家人討論如何資助他繼續升學，然而當時的他卻放棄這個機會，當然也放棄了未來的富足人生。

那年開始，他便進到社會闖盪。他到過許多地方，什麼工作都試過，但直到二十二歲，依然一事無成。雖然他能吃苦也勤快，卻有個很糟糕的缺點，那便是沒有耐心，做什麼事都不長久，轉眼便又失去了一個大好的發展機會。

與此同時，他看見老闆正和太太商量：「他十分可靠，如果能好好栽培，那麼我也算找到繼承人了，就讓女兒嫁給他吧！」

這個畫面十分吸引人，但事實上情況卻沒有走到這一步，因為窮人最後還是選擇離開，從此，他又開始浪跡天涯的生活了。

只是機會仍沒有忘記他，有一天晚上，他舉起蹣跚步伐，準備回家時，忽然聽見一個女人的求救聲音。是的，他聽得很清楚，但是卻沒有回頭，繼續前進，因為他覺得沒有必要多管閒事。

就在這個時候，出現另一個畫面，沒想到那個求救聲正是他

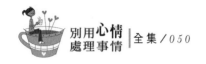

的真命天女。她是一位富翁的女兒，因爲他曾經在富翁家工作，女孩偷偷暗戀著他，爲了見情人一面，便設計遇險，希望情人能「英雄救美」，未料結果卻讓她心碎。

這一切往事讓窮人看得渾身顫抖，直到影像播畢，窮人呆了許久許久，忽然抬頭說：「唉，如果人生能重來，我一定會成功的！」

上帝搖了搖頭說：「如果你不改善自己的缺點，結果永遠不會改變！」

仔細想想，人生若真能重來，有多少人真的認爲自己能好好把握？

一如故事中的男主角，多數人一回想起曾經錯過的機會，總憤憤不平地怨天尤人。事實上，這一類人即便能從頭來過，多半會再次錯過，因爲他們不肯正視自己的缺陷，更習於遮掩自己的缺點，難怪上帝要這麼反駁。

與其一再後悔，不如好好檢討已經錯過的機會，事情終究已經錯過，眼前該做的不是再從頭來過，而是從此刻起用心把握！

跟著故事反省，不妨回顧過去的生命歷程，有多少人看見了自己曾經錯過的，和自己一手摧毀放棄的？

不過，不管我們走錯了多少路，或放棄了多少機會，都不應該再怨嘆失去的一切，現下要把握的還很多，我們該做的便是放下懊悔的心情，正面迎向未來。記憶過去是爲了看清自己的缺陷，認真省思、修正自己的弱點，然後，讓自己更積極地邁步向前。

改變態度，才可能進步

人若是不能放下自以為是的心態力求改變，便永遠不可能進步。只有積極踏出每一步，人生才會寫下一頁頁精采的生命故事。

生活除了觀察學習之外，還是觀察學習。當經驗累積充實之後，便能隨心所欲變化出招，不管世事如何變化，也不管順境逆境何時交替，更不管成功失敗怎麼交棒，我們總能微笑地生活，也輕鬆面對。

成功的方法無他，只要多觀察多學習，然後融會貫通，把心得轉化成為自己獨到的經驗與智慧。能做到這點，我們就能為自己爭得難得的成功機會，更能化危機為轉機。

比利的父母接連病逝，只留下一間小雜貨店給他和哥哥經營，由於資金不多，設備十分簡陋，商品更是少得可憐，進門消費的客人越來越少了。

「唉，每天賣不到幾瓶汽水和罐頭，要靠這家小店發財？很困難啊！」比利不禁唉聲嘆氣。

他忍不住問大哥卡爾：「哥，為什麼同樣的商店，別人可以賺那麼多錢，我們卻只能慘澹經營？」

「嗯，或許是我們的經營方式出了問題，其實就算是小本生

意也能賺錢的。」卡爾尋思道。

「但是，要怎麼樣才能經營得好？」比利問道。

「借鏡！」卡爾忽然冒出這兩個字，看來他是找到方法了！

第二天，他們決定到其他商店觀察別人的經營模式。他們來到一間新開業的商店看了一個上午。這家店客人絡繹不絕，生意好得不得了，引起卡爾的好奇心。他們走進店內，一進門便看見入口處立了一個告示牌，上面寫著：「凡是到本店購物的客人，請好好保存您的發票，月底的時候，可以將全部發票帶來，我們會提撥總額的百分之三，作為回饋。」

「原來如此！」卡爾拍了拍頭說。

他明白這家店生意興隆的原因了，客人們無不冀望著年底「百分之三」的回饋金！於是，他們立即回家，也在門口立了一個醒目的告示牌：「即日起，本店所有商品全面降價，本店還將以全市最低價為目標！如果您發現不是最低價的，本店願意以差價將商品退回。」

就這樣，卡爾兄弟從對手身上偷來了智慧，讓小店迅速擴大，最終還在全國各地開了不少連鎖店！

這則小故事是不是很熟悉？卡爾兄弟打出來的廣告，不就和市面上某家連鎖店一樣？在這個「證明最低價」的行銷策略中，我們看見的不是商場上的消費心理戰術，而是他們認真從對手身上學習觀察的積極態度。

其實，所有對手都是可敬的。為了更勝對方，不少人費盡心思創造發明，努力要脫穎而出，靠著各自獨特的視野與見地，時時出奇制勝，這些差異便是我們學習的地方。

　　那些自陷於懷才不遇心牢中的人，多半是眼高手低的傢伙。真正的聰明人不會放任情緒自怨自艾，只會從別人身上得到更多發揮靈感，然後再將學習得來的一切消化吸收，讓自己更上一層樓，一如下面這個例子。

　　有個貧窮的小伙子來找一位富人，對富人說：「請您允許我為您工作，我願意免費工作三年，一分錢也不要，唯一條件是，您得供我吃、住。」

　　這麼好的事情誰不想要！富人當然立即答應了他的請求。但三年之後，窮人卻忽然離開了富人的家，不知去向。

　　十年過去，窮人再出現時卻全然變成了另一個人，如今的他甚至比原先的富人更為富有。這一切看在原先的富人眼裡很不是滋味，於是向新富翁提出：「我想用十萬塊買下你的經驗。」

　　新富翁笑著說：「買我的經驗！哈哈哈，你不知道嗎？我可是用你的經驗賺得今天的財富，如今你卻要用錢買回自己的經驗？」

　　所有經驗都是有價值的！但所有經驗法則不會一成不變，我們總得因應不同的時代、不同的生活現實做些改變，就像老富翁與新財主的情況。

　　生活其實只在一個「變」字。當老富翁保守地過著他的富裕生活時，窮人正在「改變自己」，老富翁缺的便是「變」；當世界開始變化時，他仍固守於眼前的生活，因為墨守成規的態度，生活自然原地踏步，不見進步了。

　　人若是不能放下自以為是的心態力求改變，便永遠不可能進步。只有積極踏出每一步，人生才會因為這一步步勇敢、堅持的跨越，寫下一頁頁精彩的生命故事。

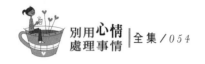
心生懷疑，難有好關係

別因為過分在乎的心情而心生懷疑、擔心。兩個人相處最難得的就是信任，人際關係是如此，愛情更是如此。

人生難得有情人，不妨想想，當愛降臨身邊時，你是怎麼看待眼前的愛人，是心裡無悔付出，還是常別有所圖？

虛情假意的心任誰都能察覺，即使再遲鈍的人，在這方面還是超出想像的靈敏。心靈溝通是十分玄妙的，一點點心思不對，感覺便會走味，若非多數情人選擇睜一隻眼閉一隻眼，多少戀情早就分手切斷了。

只是信任不再，愛戀雖然仍能繼續，卻也是另一段辛苦愛情的開始啊！

莎拉的姑媽有一個菱形的胸針，這只胸針十分普通，但她的姑媽不知道為什麼，無論穿什麼衣服都要將它佩帶在身上，讓喜歡胡思亂想的莎拉十分好奇：「一定有問題，我一定要找機會問清楚。」

這天，莎拉央求姑媽讓她看看這只胸針，只見姑媽小心翼翼地拆下，又說：「小心哪！別掉到地上了。」

「不過是一只普通胸針，我那兒有許多名牌胸針，要是妳喜

歡，我全都送妳！」莎拉頗不以為然地說。

「不必了，這確實是一只普通胸針，不過它卻有著非凡的價值！妳不會懂的！」姑媽揮了揮手說。

莎拉一聽，又燃起好奇，連忙追問情況，姑媽便在莎拉苦苦央求下講出了這麼一段故事：

是它帶給我一段幸福愛情。那年我只有十九歲，他二十歲，當時他邀我一同到海邊旅行，由於必須在船上過夜，讓我有些為難，因為我不敢對父母說實話，不得不欺騙了他們。

在那保守的年代，海上只有我們兩個人，老實說，氣氛一直都有些沉悶，我們話不多，一開始是在岸邊休息，他生火，我幫忙煮湯，飯後散步，一樣沉默不語，唯一的互動，只有在他遞給我這一個胸針的時候。

最後，我們上了船，船上有兩間休息的房間，很像現在的快艇，他早在一個小房間裡幫我鋪好了床，互道晚安後，我們便分別回房間睡覺。

這時，我忽然想到，要不要上鎖？

要是上鎖，他便會聽見鎖門聲，如此一來，他便知道我在防備他，這樣不是太可笑太無知了？可是人心難測，不是嗎？

後來，我想到了一個方法，我悄悄地走到門邊，拆了一條鞋帶，再把它纏在門把上，繞了好幾圈後，便將他送給我的胸針插在上面。如此一來，只要他一觸動手把，那胸針就會移動位置，當然那也意味著我們緣分將盡，不管當時我有多麼喜歡他！

不過，第二天我安安靜靜地取下了這只平凡胸針。正是它，將兩個人的心緊緊別在一塊！那個男孩不是別人，正是你的姑丈，我的丈夫，卡拉斯。

莎拉聽得萬分感動，忍不住上前擁抱姑媽：「姑媽，我祝您

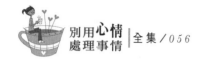

永遠幸福！」

　　細細品味著莎拉姑媽和莎拉姑丈的愛情故事，我們也明白，說愛得入火而放任情慾的理由始終是藉口，很多時候我們能忍而非不能忍。別忘了，為了愛，多少人不是正努力在克制自己，好像故事中的小情侶。

　　一份簡單的信任便能維繫一輩子的幸福，在這速食化的現代愛情中已不多見了，看著小船上的平凡互動，不知道讓你有了多少省思和啟發？面對著心中認定的最愛，有多少人能坦誠、無疑，真正由心中說出「我相信你」？

　　別因為愛得太深刻，因為過分在乎的心情而心生懷疑、擔心。都決定攜手共組一個家了，就不該讓猜忌懷疑滲入。一旦出現猜疑，兩個人的互動便會出現藉口。因為缺乏信任，時時懷疑，其中一人便會頻頻出現試探動作，至於另一個人，為了減少另一伴胡思亂想，連小事也被逼得要支吾隱藏，於是各有所隱也各有所思，日子一久，心結不生也難。

　　簡單來說，既然如此愛他，就「相信他」吧！兩個人相處最難得的就是信任，人際關係是如此，愛情更是如此。

　　看著莎拉姑媽的往事回憶，其實這份克制與年代保守無關，展現的是兩個人的勇氣與理性。他們沒有「情不自禁」放縱自己，而是認真守護對彼此的一份「信任」。小小胸針藏著體貼愛人的心意，卻也襯托出一個深刻的理念：「愛不只要求付出，還要多一點坦白，一切都做到之後，只要再用信任兩個字，就能幸福牽手一輩子！」

用理智找出自己的價值

別為自己的平凡而心情沮喪，只要理智地看待
自己，任何人都能找到屬於自己的、與眾不同
的存在價值。

生活中，那些珍貴難得的事物確實不凡，但當真擁有了難得
的事物時，多少人的心真的覺得踏實？

其實，真正不平凡的東西常是身邊最平凡的事物，因為這些
才是累積並富足我們人生的珍寶。只要明白這個道理，自然會看
清自己真正想要的，生命便不會再有「後悔」的時候。

富商傑姆巴和他的朋友科爾一起來到某座城市，這天傑姆巴
忽然對科爾說：「你知道嗎？這個城市曾經救過我的命，有一年
我過境這座城市時，突然昏倒在路旁。這裡的人將我背到醫院，
還請了醫術最高的醫生為我治好病。老實說，我一直都不知道是
誰救了我，雖然財富不斷增加，但我真正想要的卻是好好答謝隱
於這座城市裡的救命恩人！」

科爾點了點頭，問道：「嗯，那麼你準備為這座城市做些什
麼？」

「我想把身上最珍貴的三顆寶石送給城裡最善良的人。」傑
姆巴說。

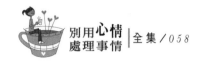

為了完成目標，他們一同在這座城市裡住了下來，第二天傑姆巴在自家門口擺了個小攤子，桌上則放了三顆光彩奪目的寶石，寶石後方還寫了一張告示：「善良的人，我願意把這三顆珍貴寶石免費送給您。」

這招看起來應該頗具吸引力，但事實上人們經過時卻全都只回望了一眼，然後便匆匆離開。一整天下來，這三顆寶石始終無人問津。

兩天過去了，三天過去了，這三顆寶石依然被人們冷落在一旁，讓傑姆巴十分困惑：「免費的也不要？」

科爾一聽，笑著說：「讓我來試試看吧！」

只見科爾拿出一根稻草，並將它裝在一只精美的玻璃盒內，盒上還鋪了一塊紅色絨布，告示牌上則誇張地改寫成：「一根稻草，一萬美元。」

「新品」一推出，立即引來人們的關注和詢問，爭先恐後想了解這根稻草的來歷。這時科爾解釋道，這是某國王贈送的稻草，是王室傳家之寶，能為擁有者帶來富貴的神奇魔力。

最終，這根稻草竟以六千美元賣出，科爾這麼對傑姆巴說：「對他們來說，這三顆寶石不過是哄小孩子用的東西，你表現它們的方式太過平凡，根本沒人會注意。這個實驗讓我們知道，人們對那些難以到手的東西最是垂涎心動，即便它只是一根稻草。」

「人們對那些難以到手的東西最是垂涎心動，就算只是根稻草！」這句話十分深刻地道出多數人的心理。說穿了，平凡人無時無刻不想求得非凡事物，試圖突顯自己的與眾不同或價值非凡。

我們都知道，平凡稻草比不上珍貴寶石，然而，卻也因為前

者平凡簡單，反而很容易被人們賦予不凡。

價值認定不過是源於我們的想像和認知。只要我們認為自己是與眾不同的，不需要外物附加，自然而然便是與眾不同的人。一如無法言語的稻草，只要我們願意，它也能成為一根擁有神奇魔力的法寶！

不要輕看那些簡單平凡的人事物，也不要小看自己的舉手之勞，生命價值跟著內在變化而改變，才得以讓平凡事物擁有無價的內在。

其實，多數難以到手的東西早在我們身邊，我們總到失去時才知道，原來自己從未好好把握擁有過的一切。別為自己的平凡而心情沮喪，只要理智地看待自己，任何人都能找到屬於自己的、與眾不同的存在價值。

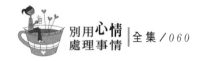
內心踏實，才有生存的價值

唯有勇於正視生活的現實，不用「高人一等」
的心情看待事情，才能真正享受生活的趣味，
也才能真正肯定自己的價值。

　　世上能含著金湯匙出世的孩子其實不多，多數的富翁的財富
都是靠自己努力而得來的。他們知道，雖然起步條件比別人差，
但只要腳步踏實，努力積極，總有一天，他們會打造一把個人專
屬的金湯匙。

　　這是多數成功者的態度，他們靠著自己的力量改寫人生歷程
和結局，只因為他們知道，與其羨慕他人在財寶堆中出生，還不
如靠自己的力量換得一座金銀山來得踏實。

　　蘇丹王的兒子愛上了一個牧羊女，苦苦思念的他對父親說：
「父王啊！我愛上了一個牧羊女，想和她結婚。我相信她會是個
賢慧體貼的好妻子，更會是一位不可多得的好王妃！」

　　蘇丹王一聽，搖搖頭說：「孩子，你是國王的兒子啊！我死
後你就是國王，怎能娶牧羊女呢？不行，這可不是你個人的事，
而是國家大事！要是你娶了牧羊女為妻，會被人們恥笑的。」

　　「笑就笑吧！我真的很愛她，我就是要她做我的王妃！」王
子堅定地說。

「唉，隨你吧！」蘇丹王很清楚這個兒子的個性，轉念一想，或者是天意，只好答應他了。

不久，使者來到牧羊女的家，並告訴她王子的心意，沒想到牧羊女卻問：「國王的兒子有沒有一技之長？」

「他是王子，並不需要什麼一技之長，他本來就有人侍候著，未來他只要知道怎麼管理國家就好，哪裡需要什麼一技之長？」使者頗不以為然地說。

牧羊女搖了搖頭說：「對不起，麻煩您回去對他說，除非他有一技之長，不然我不會嫁給他。一個男人一點技能都沒有，怎麼能管理國家呢？」

使者將牧羊女的話告訴國王，國王一聽，不悅地對兒子說：「這就是你仰慕女孩嗎？還沒進門，要求就那麼多，現在你還想娶她嗎？」

王子堅定地點頭說：「放心好了，我會做出一雙漂亮草鞋給她看的！」

從此，王子天天都在學習怎麼編織草鞋，不久便學會了這個技能，順手就能編出一雙漂亮草鞋。使者帶著王子親手編織的草鞋去見牧羊女：「這些鞋子是王子親自編的！」

牧羊女看見鞋子十分感動，便說：「好，我答應嫁給他！」

只是兩個人的幸福時光不久，有一天王子獨自在街上散步時，不巧遇上了一群強盜，被捉進牢裡。

所幸強盜們並不知道王子的身分，暫時還沒有生命危險。轉念一想，王子對強盜說：「我們來個交易，我編草鞋讓你們拿去賣，如何？」

「好！」強盜立即找來材料讓他編製，三天內他完成三雙草鞋，然後他對強盜說：「你們把這三雙鞋子拿到宮廷外去兜售，

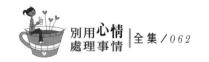
相信我，單單一隻鞋就能賣得一百塊金子。」

「真的？好好好！」強盜們聽完後，便匆匆地趕往宮廷外。

至於皇宮內，因為王子已經失蹤很多天了，每個人都十分緊張擔憂，就在這個時候，聽說有人拿著草鞋在王宮外販售，王妃一聽，連忙叫人以高價將全部的鞋子都買回來。

一伙人仔細一看，這果真是王子編製的草鞋，因為上面他偷偷寫了幾行古文，那是求救的訊息，就這樣王子被救出來了。王子平安地回到父親和妻子的身邊，一看見愛妻，激動地說：「親愛的，謝謝妳！」

對牧羊女來說，再富裕的背景也不能有十指不沾陽春水的態度，畢竟世事難料，現實的人生難保什麼時候不會意外落魄，與其把握今天享受人生，不如培養一份紮實的求生本事。

反之，心若是空虛的，就算現在可以靠著爵位、財物強裝偉大，但總有一天，還是會被自己擊倒！

簡單故事，帶出了深刻寓意。編織草鞋的功夫看似平凡，卻也深刻暗喻人生該有的態度：「我們都是平凡的人，外在功名利祿不過是附加的，內心踏不踏實，本事夠不夠紮實，一切只有自己知道，這也是我們生活的重要依靠。」

明白故事的深意之後，就好好面對生活中的一切。唯有勇於正視生活的現實，不用「高人一等」的心情看待事情，才能真正享受生活的趣味，也才能真正肯定自己的價值。

用熱情融化社會的無情

只要大家是熱情的，願意無私分享付出，再冷酷無情的人也會被你感化，並願意伸出手與你協力合作。

常聽見人們斥責社會人心的現實，然而在指責的同時，有多少人發現，自己不也經常帶著冷酷無情的臉出門？

不會有人喜歡冷漠的臉，更不會有人喜歡聽見冷言冷語。相對的，沒有人不喜歡溫暖熱情的人，與其要求或期待別人有此表現，何不自己先起身帶動？世上多得是靠著個人的力量改寫一切的故事啊！

在印度，流傳著這麼一個美麗故事，那是關於一隻小松鼠的寓言。

傳說，在某座森林裡的小動物生活十分快樂，茂密森林裡從未發生過什麼重大的災難，有的不過是物競天擇的生死安排。

有一天，老天爺不知道是哪根筋不對，想試一試動物們的危機應變能力，忽地從天上揮了一道閃電下來，電光擊中森林中最大的老樹，登時燃起熊熊大火。

火勢一發不可收拾，火舌席捲了大片樹木枝葉，同時也威脅到所有動物們的生命安全。

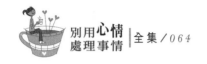

動物們無不驚慌地向森林外倉皇奔逃，但這劫難躲得過嗎？

看起來好像只要離開大火竄燒的林子就好，實則不然，因為不少猛獸正在林子外等著牠們出現啊！

這時，有隻小松鼠非但沒有逃開，反而奮不顧身地朝著大火方向衝去。只見牠往水塘裡一跳，將瘦小的身子完全沾濕，然後再衝進火場去，再拼了命地抖落身上的水，牠居然想用這樣的方式滅火？

老天爺看了也動容，變成一個老人出現在牠面前：「孩子，你這樣做沒用吧！那麼一點力量，根本……」

已被樹枝烙印出三條焦痕的小松鼠，不管老人怎麼說，仍然用身體沾水、滅火。一來一往時，牠對著天神變成的老人說：「力量雖小，但我會盡力！也許作用不大，但畢竟會發揮一定的作用！或許這份執著能感動老天爺，等會祂便降下大雨，滅了這場大火也說不定！」

老人忽然大笑一聲，森林裡果真下起了大雨，大火也在一瞬間消失無蹤！

據說這就是印度三紋松鼠的由來，動人的「力量雖小仍然盡力」的堅持態度，想必讓不少人在感動之餘，不覺地慚愧了起來吧！

當多數人以忙碌為藉口，懶得與人互動，人和人之間就變得越來越冷漠。當多數人因為害怕惹事而習於退縮遠觀，社會環境也變得越來越無情，總要到事情發生在自己身上時，才知道冷漠無情的可怕。

一個人的力量也是力量，群體力量是靠一個又一個人的力量

累積而成的。個人的力量也許很小，但相互感染的力量卻是強大的；人情冷酷不代表不能被溫熱融化，只要大家是熱情的，願意無私分享付出，再冷酷無情的人也會被感化，並願意伸出手與大家協力合作。

下一次，當你再怨怪社會冷漠，憤怒人心現實之時，不妨先放下這類負面的心情，冷靜地想一想，當同樣的事情發生在自己身上時，自己是否願意伸手幫助？是否願意時時給社會多一點熱度？

只要答案是肯定的，你的怨懟、責怪自然會消失，因為很快你便會發現，這小小的熱情心意，正悄悄地感染著每一個人，生活周遭的人情味也因著這份熱情而越來越濃烈。

不要讓情緒影響前進的勇氣

無論目前陷在什麼樣的困境中,

自然都會有一股力量支持你挺過去的。

不因為受挫的情緒,影響自己前進的勇氣。

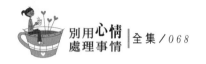

轉換一下心情，就能突破困境

轉換一下自己頹喪的心情，從昨天的錯誤中找出新方向，以便明天來到的時候能確實把握並踏出正確的腳步前進。

　　有些人不管人們怎麼鼓勵，每一轉念看見的不是「信心」而是「擔心」，擔心自己不行，煩心事情不會那麼順利，所有煩惱盡是一些無謂的猜想。

　　可是你知道嗎？很多時候，我們只需要一點自信就能突破眼前的困境，甚至只要給自己一句「放心」，事情便能更順心地圓滿達成！

　　因此，越是面對棘手事情，越必須叮嚀自己，先將心情處理妥當以後再處理事情，千萬別讓負面情緒影響自己所做的任何判斷或決定。

　　身高只有一百四十五公分的原一平，相貌平平，不過卻是日本壽險業界的非常人物，業績連續十五年都拿第一，人們封他為「推銷之神」。

　　但是小時候，原一平其實是個性格叛逆又頑劣的男孩，甚至曾用小刀刺傷老師。

　　家境貧窮的他，經常窮得連一頓飯都吃不起，露宿公園更是

稀鬆平常的事。親友們都認為他是個沒用的「廢人」，沒有人想接濟他，更沒有人瞧得起他。直到二十七歲時，因為和一位老和尚的一席話，才改變了他的一生。

有一天，他向一位老和尚招攬保險，老和尚卻對他說：「年輕人，你的介紹詞絲毫吸引不了我投保的意願。」

老和尚專注地看著原一平，接著又說：「人和人之間，就像你和我現在這樣相對而坐，你必須要具備一種強烈吸引對方的自信力量，如果做不到這一點，恐怕前途有限。」

聽見老和尚這麼說，原一平不只啞口無言，甚至還冷汗直流，老和尚的話似乎說中了他心裡的疑困。

老和尚笑著繼續說：「年輕人，你得先改變你自己！好好地重新看一看自己，好好地認清自己，如果你連自己都不認識，都不清楚自己有何魅力，如何得到人們的信任？先回去好好地反省自己一下，然後才能成就自己！」

「反省自己？認識自己？」原一平喃喃道。

老和尚點了點頭，回答說：「是的，要赤裸裸地認識自己，徹底反省，然後才能看見你自己。」

老和尚的這一席話就像當頭棒喝，一棒把原一平打醒，從此，原一平開始學習坐禪修行，仔細反省自己的過去和未來，並用心檢討自己的待人處世，徹悟之後，他的事業從此就屢創佳績。

回顧過往，曾經荒誕頹唐的原一平想必是受困於過去的自卑感中，因而遲遲無法敞開心扉發揮所長，若非觀察敏銳的老和尚即時點化，也許後來就難以創造業界的傳奇。

其實，再不平凡的人最初和你我都一樣，都得從最基本的功

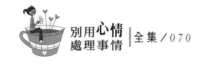
夫開始累積，也都得從最低層的地方開始起步。

　　無論過去有多卑微，也不管今天有多風光，他們都比我們清楚，每個生命都有它存在的價值與改變機會，沒有人能一輩子都那麼傲視世事，當然，更沒有人應當一輩子都苦困在低潮中。

　　生活總有高低起伏的時候，人生總會有大起大落的遭遇，不必怨懟過去走得有多顛簸，而是應當轉換一下自己頹喪的心情，從昨天的錯誤中找出新方向，以便明天來到的時候能確實把握並踏出正確的腳步前進。

人生沒有困境，只有自我囚禁

黑夜過去總會重見黎明，只要我們願意振作精神，也勇敢面對，不放任心情隨意飄蕩，就能朝向正確的目標前進。

天下事從來沒能困住任何一個人，之所以有人會灰心沮喪、灰心沮喪、不知所措，究其原因，總離不開「逃避」和「不肯面對」兩種情況。

人生沒有真正的困境，有的都是自己設置的囚牢；很多時候，所謂的「困境」只是你用惡劣的心情囚禁自己；很多時候，所謂的「困境」只是你用惡劣的心情囚禁自己。

當天氣昏暗不明的時候，該做的不是放任情緒埋怨壞天氣，更不是氣惱著老天爺故意捉弄，而該是由自己點燈，照亮前進的方向才是。

「謝謝，謝謝！」新郎官和新娘子捧著糖果盤，笑著送客。

「恭禧啦！」「要早生貴子呦！」「來來來，你們互親一個！」朋友們道賀與嬉鬧聲此起彼落，好不熱鬧。

有些醉意的老沈也走到新人身邊，笑著說：「我可是大老遠，乘著船來呀！恭禧啦，祝你們白頭到老！」

「謝謝！」新郎笑著拍了拍老沈的肩說。

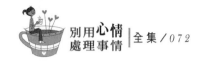
只見老沈搖搖晃晃地走出去，接著來到岸邊，準備駕著小船回家去，此刻天色昏暗，河岸邊有些涼意，但不冷，反倒拂得人有些睡意。

老沈摸黑上船，熟練地用力划著槳，只是不知道怎麼了，划了老半天還不見對岸，沉沉的睡意和昏昏的酒意，讓他機械式地划著槳，划著划著……

「咦？天亮啦！」

朝陽高昇，也照醒了老沈，他先定了定神，然後睜開雙眼，一看：「天哪！這是哪兒？我怎麼還在船上？撞鬼？鬼打牆？」

老沈隱約記得昨天「划了很久很久」，但是眼前景象卻告訴他，船一動也沒動地停在原來的岸邊。這可把他嚇得驚呼一聲，然後沒命地跳上岸，準備奔逃至老朋友家。

不過，就在他跳上岸的同時，不小心被岸上的一個東西絆了一下，跟著便狠狠地跌了一跤，定神一看，卻是固定船身於岸邊的纜繩。

「這，哈哈哈……」一陣尷尬笑聲忽然響起，這才知道，原來昨晚忘了把綁在碼頭邊的纜繩收起來呀！

故事很簡單，但越是簡單的故事卻常隱含著非常深的寓意。試想，我們不也常像老沈一樣，迷迷糊糊地生活，然後不知不覺地被無形枷鎖套住？

然而，我們不僅毫無察覺，更經常被困鎖其中，以致於怨念叢生、生活窒息，甚至不知不覺地任由情緒左右，放棄對生命的主控權。

故事中的老沈最終還能醒來，也清楚看見自己的問題所在。

反觀那些只懂埋怨生活的人們，一方面親自綑綁自己，另一方面卻又死命地將責任推給他人，還一味想得到解脫，希望突破，不免有些天方夜譚。說穿了，他們不過是在欺騙自己罷了。

想解鈴，仍得靠自己解開，繩索確實綁在某個地方。事實上，心海裡的結並不難找，但找到了結不代表它會自動解開。不要期待別人幫我們拆開，因為不肯自己拆解，有一天再遇糾結，我們一樣拆不開也解不了，反覆受困，反而會讓我們自己越來越走不出來。

黑夜過去總會重見黎明，再昏沉也會有清醒時分。哪怕只有一刻鐘，只要願意振作精神，並把握醒著的時候看清自己，也勇敢面對，不放任心情隨意飄蕩，我們就能朝向正確的目標前進。

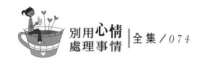
不要讓情緒影響前進的勇氣

無論目前陷在什麼樣的困境中，自然都會有一股力量支持你挺過去。不因為受挫的情緒，影響自己前進的勇氣。

遇到難題的時候，你是否相信自己可以克服它？

仔細回想一下，每當自己糾結在困難事情當中時，是會告訴自己要勇敢克服，或是退縮觀望？相信前者會比後者多，因為你知道：「問題總要解決的，與其放棄退縮，不如試著前進克服；難關總會度過，只要樂觀相信，我們自然會看見希望。」

此刻的你，也許正困於某個難關聽過多數克服難題者的感言後，是否也願意再給自己一次機會，試著克服走過呢？

有一艘載滿幾十人的商船，在大海上遇到了一場突如其來的暴風雨，船不幸沉沒，船員們死傷無數，只有一名船員幸運生還。

這名船員僥倖地在大海上找到被大浪沖落的救生艇，在救生艇上，任由船身隨風浪顛簸起伏，遠看就像一片葉子隨風飄盪。當風平浪靜時，男子卻發現自己迷失方向了，連收到消息準備動員救援的人們也找不到他。

天色越來越暗了，寒冷、飢餓和恐懼一同襲上他的心頭，但是眼前除了這艘救生艇之外就一無所有了。

　　心灰意冷之際，他無助地向天邊望去，卻見到盞盞闌珊燈光，男子開心極了，因為他看見了「希望」。

　　他知道那是救援的燈，於是奮力地向燈的方向划去，努力地朝向那點燈光前進。但是不知道為什麼，那光似乎離他很遠很遠，直到天亮的時候，他還是沒能到達那個地方。

　　但是，男子並不放棄，心想：「那盞盞燈光一定來自某座城市，或是某個港口，一定是的。」

　　心裡堅持那是希望明燈的他，繼續划著，雖然白天看不見燈光，但一到了夜晚，那燈光便會在遠處一閃一閃，男子總是瞇著眼尋找微弱的光源，鼓舞自己：「看見了，好，加油吧！」

　　靠著意志力，男子堅強地撐過了一天又一天，雖然他越來越飢餓、乾渴又疲憊，但每當就快崩潰放棄時，轉念間，又會想起遠處的那片光：「不，我不可以放棄，燈光就在前方，我必須堅持下去。」

　　第四天，他依然朝著那盞光的方向划去，直到支撐不下去終於昏迷過去，但即便昏迷中，他腦海仍然閃現著那盞燈光。

　　「嗡……」遠方傳來大船的聲音，男子被發現了，一艘正巧經過的商船收到有船隻沉沒的消息，救援隊請他們協助搜尋生還者。

　　男子被救上船，醒來後，大家這才知道他已經在海上漂泊了四天四夜，有人問：「這麼多天來你都是怎麼撐過來的？吃些什麼呢？」

　　男子搖了搖頭說：「我什麼都沒吃，我是靠著……」

　　男子說到這裡，往窗外望去，接著他指著那「光」說：「就是那盞燈帶給我希望力量的。」

　　大家紛紛朝著他所指的方向望去，每個人都吃驚地看著他，

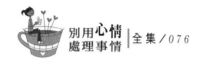
那才不是什麼燈光，只不過是天邊閃爍的一顆小星光！

一點星光點燃一份希望，對男主角來說，無論是燈光還是星光，最重要的是因為那點「光」的陪伴，不僅讓他堅強熬過了漫漫長夜，更為自己的人生寫下了不凡記錄。

只是少了星光支持的你，又該到哪兒找到那盞希望之光呢？

抬頭仰望天空，然後闔上雙眼，你是否看見心中出現了一盞光影？

是的，每個人心中都有一盞不滅的希望之光，這不是什麼空洞的想像，而是確確實實存在你我心中的明燈。

只要在遇到困難時點燃它，不因為受挫的情緒，影響自己前進的勇氣，告訴自己：「放心，總是能熬過去的！」那麼，無論目前陷在什麼樣的困境中，自然都會有一股力量支持你挺過去的。

就像故事中的船員一般，真正支持他的其實不是那些星光，而是他替自己燃起的鬥志與堅強希望！

用寬容的心情面對人生

養成敏銳的觀察力，對人要寬厚，並耐心修養
性情，學習到它們以後，未來生活自然無往不
利。

發生意外時，你會怎麼看待，遇到不平之事時，你都怎麼處
置面對？

多一點包容心看待，大事自然能變成小事，多一點寬恕心面
對，壞事也能得出更好的結果！

以下這個故事告訴我們，除了對人要多觀察，用好修養應對
之外，對事更應如此，畢竟烈酒變薄茶還算事小，若是輕忽到不
能辨識是非黑白，任憑內心的氣憤解決事情，恐怕小事要變大事。

萊德勒少尉服役的美國海軍砲艇「塔圖伊拉」號正停在某個
東方城市，這天，他興致勃勃地參加當地舉辦的一個跳蚤市場，
聽說想買好東西得碰運氣，因為這是個「看不見樣品」的拍賣會。

當地人都知道，這個商人向來以惡作劇聞名，這天他要拍賣
的是一個密封大木箱，現場人們紛紛猜測著：「這裡頭一定裝滿
了石頭，還是算了吧！」

萊德勒開價三十美元，商人也很乾脆，拍案喊道：「賣了！」

萊德勒旋即打開木箱，沒想到裡面竟裝了兩箱威士忌，這在

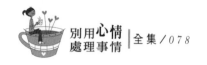
當時戰爭頻仍的時期，能得如此珍貴的酒可是很不容易的，不少人懊悔地捶胸著：「唉，早知道就出高價買下它。」

不少好酒人士紛紛向萊德勒開出三十美元換購一瓶的價格，但全被萊德勒回絕了，因為他說他不久就要到別處去，想用這些酒來開個告別酒會。

當時也在該地的海明威犯了酒癮，急匆匆地來找萊德勒：「朋友，聽說你有兩箱好酒，我要買六瓶，隨便你開價如何？」

但是，萊德勒還是拒絕，海明威仍不死心，掏出一大疊美鈔，說：「給我六瓶，你要多少錢都行！」

萊德勒見狀，想了一想說：「好，既然你這麼想喝，那就用六瓶酒換你六堂課，教我成為一個作家，如何？」

海明威一聽，竟向他做了個鬼臉：「老兄，我可是花了好幾十年功夫才成為作家的啊！不過，這個交易還算合理，好吧，看你這麼有心，成交！」

萊德勒一聽，連忙遞上六瓶威士忌，接下來五天，海明威信守諾言，為萊德勒上了五堂課，而萊德勒更是得意，因為他以六瓶酒得到名家指點，這是極為難得的機會。

過了幾天，海明威好奇地問萊德勒：「聰明的生意人，我想知道，剩下的酒你喝了幾瓶呢？」

「一瓶也沒喝，因為我全都要留著開告別酒會。」萊德勒十分堅定地說。

第六天，海明威因為有事要提前離開，萊德勒則陪他到機場，這時海明威微笑道：「我沒有忘記，現在就為你上第六堂課。」

在飛機的嗡鳴聲中，他說：「在描寫別人前，首先你得成為一個有修養的人。第一要有同情心，第二要能以柔克剛，第三，千萬別笑不幸的人。」

萊德勒皺了皺眉，問道：「這和寫小說有什麼關係？」

海明威平靜地說：「這對你的生活十分重要。」

「我的朋友，在發告別酒會請柬前，你最好把那些酒抽樣檢查一下，再見了。」海明威忽然又回過頭，對他說了這段話。

回去之後，萊德勒打開每一瓶酒，才發現裡面裝的竟然全是茶，此刻他才明白，海明威老早就知道實情，但是卻隻字未提，也沒有譏笑他，還遵守諾言為他實現心願。

這一刻，他終於明白海明威告訴他的話：「好好看待生活中的一切，並且冷靜有修養地思考、處理人生中的每一段意外插曲。」

這個結果是好或壞見人見智，從喜獲至寶到發現竟是假寶物時，一般人除了咒罵商人黑心外，一定就是氣憤難過。

萊德勒卻沒有如此，只因他遇到了海明威，用與眾不同的智者角度，藉著機會教育，告訴萊德勒如何成為觀察敏銳的作家，更告訴萊德勒怎麼看待生活中的意外插曲。

同情心和不要笑別人的不幸，還有以柔克剛的道理，歸納海明威所說的三項要點，其實正是對人要有「寬容心」。

海明威藉此機會指引，不僅提出了小說家應學習的課程，還告訴我們：「養成敏銳的觀察力，對人要寬厚，並耐心修養自己的性情，這些都是人生必修的課程。學習到它們以後，未來生活自然無往不利。」

拋下壞念頭才能得救

如果我們常讓自己處於生命中的不愉快裡，反而會讓心靈更不平靜，最後只會賠上生命中愉快的那個部分。

　　每天打開電視、翻開報紙，都會看到殺人、放火、家暴、鬥毆等等社會事件層出不窮。走出家門，可能上司找麻煩、同事是小人、朋友設計你，搞不好連路邊的狗也要吠你幾聲。

　　你是否會感到憤怒，覺得人生不愉快的事怎麼這麼多？

　　追根究柢，其實很多惱人的事情，或許「並沒有想像中那麼嚴重」，甚至是「微不足道」的。

　　一位父親正在院子裡忙碌，兒子帕科放學後，氣沖沖地跑回家裡，一進門就使勁地踩腳。看到帕科生氣的樣子，父親把他叫了過來，想和他聊聊。

　　帕科不情願地走到父親身邊，氣呼呼地說：「爸爸，我現在非常生氣。華金以後甭想再得意了，我一定會想辦法對付他。」

　　父親一面幹活，一面靜靜地聽帕科說：「華金讓我在朋友面前丟臉，我現在非常希望他會遇上幾件倒楣的事情，在所有人的面前無地自容。」

　　父親放下手中的工作，走到牆角，找到一袋木炭，對帕科說：

「兒子，你把前面掛在繩子上那件白襯衫當做華金，把這個袋子裡的木炭當做你想像中的倒楣事情。然後，你用木炭去砸白襯衫，每砸中一塊，就象徵著華金遇到一件倒楣的事。我們看看你把木炭砸完了以後，會是什麼樣子。」

帕科覺得這個遊戲很有趣，拿起木炭就往襯衫上砸去。可是襯衫掛在遠處的繩子上，他把木炭全扔完，只有幾塊打到襯衫。

父親問帕科：「現在你感覺如何？」

帕科說：「累死我了，但是我很開心，因為我扔中了好幾塊木炭，白襯衫上有幾個黑印子了。」

接著，父親要帕科去照照鏡子。帕科在一面大鏡子裡看到自己滿身都是黑炭，臉上只能看到牙齒是白的。

父親說：「你看看，白襯衫並沒有變得特別髒，而你自己卻成了一個『黑人』！你希望在別人身上發生很多倒楣的事情，結果最倒楣的事卻落到自己身上。有時候，我們的壞念頭雖然在別人身上兌現了一部分，別人倒楣了，但是它們也同樣在我們自己的身上留下了難以消除的污跡。」

帕科聽了如夢初醒，再也不生氣了。

當我們氣得半死，對方卻不痛不癢；我們暴跳如雷，對方還是老神在在時，這也代表對方達到了目的，而你卻徹底輸了。

對方的目的，就是要惹火你，讓你身心痛苦。

人有七情六慾不可否定，但是為了他人而抓狂，實在不值得。生活有黑暗面，但是也有很多光明面，沒必要硬是往死胡同裡鑽。

或許，用「煤炭」扔對方，能讓自己得到一時的快感，但是之後卻可能讓自己更加灰頭土臉，光是清理自己身上的「煤灰」

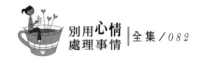
所付出的代價和心力，就可能超乎你的想像。

佛家說：「一切法從心想生。」

如果我們常常讓自己處於生命中的不愉快裡，對他人心生怨念，加以指責、詛咒、報復等等，並不會讓自己感到更愉快，反而會讓心靈更不平靜，甚至造成血壓上升，使自己面目可憎，最後只會賠上生命中愉快的那個部分。

過多的猶豫，只會讓人更憂鬱

是否需要反覆分析，總要視情況而定。勇敢做
出決定，不管是要或不要，我們都不會再有後
悔的時候。

日常生活中，機會其實處處可見，我們之所以會錯失良機，
常常是因為猶豫的時間太久，讓機會從自己的手中流失。

常因為猶豫的心情而錯過機會的人，總要到最後才發現自己
當初過於多慮。

其實，多想一想並沒有錯，只是別花太多時間鑽牛角尖，那
不僅無助於釐清心中想望，反而會讓自己一再錯過機會。

「不後悔」不是建立在「不猶豫」的基礎上，真正的人生哲
學是以「做出正確的決定」為依據。

我們要做出最好的決定，然後心甘情願為決定後的結果負起
責任，無論生活出現什麼樣的轉變，都不會再有後悔的時刻。

他是個哲學家，天生有著一股特殊的文人氣質，這個優雅的
氣質吸引無人的目光，不知迷倒了多少女孩。

這天便有個女子對他告白：「娶我吧！我想成為你的妻子，
相信我，除了我之外，你再也找不到比我更愛你的女人了！」

看著眼前勇敢的美麗女子，哲學家有些心動，但依然回答：

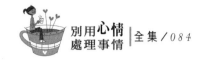
「對不起，我要好好考慮一下。」

之後，哲學家果真用他研究學問的精神考慮這件事，只見他將結婚與不結婚的好處和壞處條列式都寫下來，最終發現：「怎麼會好壞一樣呢？唉，反而讓我更不知道該如何選擇了！」

哲學家再度陷入苦思，原本是積極活潑的思考情緒，轉成苦思困境。他不只找不到結婚的壞處，也找不出結婚的好理由，便這樣困在婚姻的抉擇中。

終於，哲學家再一個轉彎思考，總算得出一個結論：「是的，面臨抉擇而無法取捨時，我應該選擇還未經歷的那一樣。仔細想想，要是不結婚的話，很清楚的，我的生活仍將一如往昔。至於結婚，這是我未經歷也猜想不到的……嗯，我知道該怎麼做了！」

那他到底決定怎麼做呢？

他決定和那個女人結婚。

這天，哲學家拿著禮物來到女人家中，卻沒遇見那個女子，只見到她的父親。哲學家依然鼓起勇氣提親：「先生，請問您女兒在嗎？請您告訴她，我已經考慮清楚了，我決定娶她為妻！」

沒想到，女子的父親卻冷淡地說：「終於想通啦！很抱歉，你遲到十年，我女兒現在已經是三個孩子的媽了。」

「這……我……」哲學家當場崩潰，萬萬沒有想到「深思熟慮」之後，換得的卻是一場空。

兩年後，抑鬱成疾的哲學家臨終前，忽然將自己所有著作全丟入火堆中，然後拿出一張紙，寫下這麼一行字：「將人生分為一半，前半段的人生哲學是『不猶豫』，後半段人生哲學是『不後悔』！」

　　人生哲學若真能像哲學家那樣清楚分割，世事就不會那麼難解了！其實，是否需要反覆分析，總要視情況而定。

　　不是當下做了就是對，當然，也不一定認真想半天就能得出正確的答案。

　　其實，不少人也和故事裡的哲學家一樣，遇到機會時，心裡總想著許多可能和猜測，只是他們遲遲下不了決定的原因，卻不是因為事件本身有問題，考量的更不是事情的好與壞，而是任憑心情天馬行空地作怪。

　　他們心中明明很愛，卻偏偏裝作無所謂，或是強裝很理性、很有智慧，只是惺惺作態了大半天，以為可以多保有一點面子，或是少一點傷心機會，結果卻因為多慮，最終只得面對錯過與悔恨啊！

　　面對愛情，哪需要花上十個年頭折磨自己？

　　只要單純問自己，想不想有個人陪伴，想不想有個溫暖的家，然後給個簡單的「要」或「不要」的答案就夠了。

　　很多事情也是如此，保持愉快、客觀的心情，我們自然會聽見真誠而確實的心音；勇敢做出決定，不管是要或不要，我們都不會再有後悔的時候。

多一點理性，愛才能多一點肯定

情感是欺騙不了人的，愛與不愛確實需要勇氣，可是更需要理性，只有感性和理性同行，才能等到真正的愛情。

　　喜歡看愛情故事的人，看盡愛人之間的癡戀，卻總得不出真愛要訣。一肚子對現實愛情的怨懟，卻忘記愛情世界的真諦。

　　苦戀的情節確實讓人同情，然而想牽手一輩子也不容易！倘若捨不得共享生活中的一切，談及付出時總不忘計較，那麼在決定套上婚戒的那一刻，還是理性地再思量一下吧！

　　這個村莊有棵老樟樹，樹身得由五個人手牽手才能圍住它，老一輩的人都說它是「姻緣樹」，當地因它衍生出不少美麗故事。

　　這天，一對兩小無猜的男孩女孩請姻緣樹作見證，小男孩從地上撿起一塊尖尖的小石頭，使勁地在月老樹上畫了一顆心，還將自己的名字刻上，接著便將石頭遞給了小女孩。

　　女孩滿臉通紅地接過小石頭，也在那顆心上刻下了自己的名字，這時男孩忽然搶過小石頭，在心邊刻下了：「我永遠愛妳！」

　　女孩笑著搶過石頭，然而當她剛寫下「我」字時，女孩的母親忽然出現，大聲地叫喊著她，嚇得女孩急忙跑回家。

　　第二天，男孩問女孩：「昨天妳想刻什麼？」

女孩卻笑著說：「這是秘密，才不告訴你。」

兩個人從兩小無猜到了熱戀情人，一路相伴到成年，女孩後來考上了大學，男孩卻落榜了，從此情人兩地相隔。

為了負起家計，男孩不再升學，決定靠自己的力量開創一片天。他從姻緣樹旁邊的草地開始起步，從放牧到農莊，事業一步步茁壯成長。

「不管我在哪裡，我一定會回來，然後在姻緣樹上刻下我沒刻完的字。」這是女孩那年離開時塞給他的信。

但是，後來女孩全家卻搬離當地，男孩從此失去了女孩的消息。五年過去了，男孩的生意越做越好，已是鎮上的有為青年。由於事業有成，相貌也不差，當地女孩們對他無不傾心。

但年輕人始終拒絕，因為他一直相信那個諾言，為了這個諾言，他強忍著寂寞和思念。有一天，男孩收到女孩母親的一封信，要他死了那份心，男子看了十分傷心，但卻依然掛念著，每當來到姻緣樹下時，臉上仍流露出聽到諾言之時的幸福笑容。

「不！我知道她一定會實踐諾言！」

男子忘記了那封殘忍的書信，決定相信女孩會回來，用工作來忘記悲傷和思念，並天天來到姻緣樹下，等待未完成的允諾！

有一天，男子很早起床，也照例先來到姻緣樹前，遠遠的，他看見一個女孩身影佇立在姻緣樹下：「是她嗎？」

男子加快腳步跑近，一靠近時卻不見女孩的身影，但是看到了過去他們刻的「我」字後面新刻了「也是」兩個字！

「是她！她回來了！」男子轉念一想，忍不住激動了起來，著急地繞著樹身，才一轉彎便見那個女孩站在他的面前。

「回來了！」男子哽咽著說。

「嗯，我回來了！」女子紅著眼眶，微笑地說。

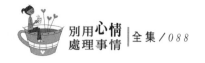

　　結局十分美好，如此癡心的「等待」想必感動不少易動的心，也必然羨煞不少一樣苦戀中的癡情男女。只是，這樣的等待，雖能得出一段佳話，卻也有值得省思的另一面。

　　我們都會支持兩顆真情相戀的心，只要在歷經現實考驗之後，依然堅持相守，仍能堅毅陪伴，這樣的情侶才是天上人間的最佳配對，因為兩顆心已成同顆心，相信直到終老，他們也會是讓人羨慕的老戀人。

　　反之，癡心單戀的人，兩份心思情感各異，徒見一方苦苦等待，最終總是一個苦字，要盼望結成甜美果實恐怕不易啊！

　　想對著喜歡的人說「我回來了」時，別忘了，要先確定對方是否也有相同的等待。情感是欺騙不了人的，愛與不愛確實需要勇氣，可是更需要理性，不要任憑單方面的愛意，自以為對方也有同等的心情。只有感性和理性同行，才能等到真正的愛情。

善加控制自己的情緒

 只有控制好情緒，不放任心情隨意宣洩，用理性處理事情，才能擁有健康的身心，才能享受快樂的人生。

不要讓自己的心情處理事情，理性地控制情緒，提高自己的EQ，才是讓身心保持健康的最佳方式。

如果我們讓EQ處在低點，並任由情緒操控生活，很快地，我們便與「瘋子」無異，我們的社會就像「瘋人院」了。

很久以前，有個國王親自到瘋人院訪察，因為他對這個病症非常好奇，便主動研究病因。

國王看見有個人正在大哭，還把頭用力地朝牆壁猛撞，看著他滿臉的憤怒，似乎受到很可怕的傷害，於是好奇地問：「這個人怎麼瘋的？」

院長說：「他愛上了一個女人，但是對方卻不愛他，於是就瘋了。」

國王嘆了口氣，走進了另一個病房。

這裡有個男人也是滿臉怒氣，還朝著一幅女人的畫像猛吐口水。國王問院長：「這個人發病的原因，是不是也跟女人有關？」

院長點了點頭說：「是的，他的愛人就是剛剛那個病人愛上

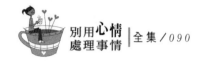

的女人，雖然他得到了那個女孩，但是卻從此瘋了！」

國王說：「看來，每個人都應該研究這個病症，因為這關係著每一個人，甚至不必到醫院裡來，就可以發現，原來我們早就生活在『瘋人院』中。」

這則故事非常有趣，習慣站在遠方觀看別人的我們，總是以偏狹的目光對人指指點點，然而，當我們站在自以為是的角度時，國王卻忽然出現，對著我們說：「原來你也是個瘋子啊！」

我們是不是瘋了，也許只有自己知道，不過，就像故事中的兩個病例，因為無法控制情緒，而失去理性的判斷，自然而然就「瘋了」。

看到這裡，你怎麼想呢？

社會亂象的根源，其實就是源自於你我的情緒。

當國王發現，我們原來早就生活在瘋人院時，他的本意不是為了嘲諷，而是要我們重新審視自己的生活。

只有控制好情緒，不放任心情隨意宣洩，用理性處理事情，才能擁有健康的身心，享受快樂的人生。

PART4

別讓內心慾望主導人生方向

只要每分每秒都能執著認真，

不讓內心的慾望主導人生的方向，

任何片刻都將能寫下一份永恆且

卓越的人生成績單。

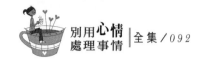
夢不難圓，只怕沒有決心實踐

許多人面對夢想時，心心念念的不是「夢想目標」而是「夢想難圓」，展開實際行動前，就抱著「失敗」的心態看待夢想。

十分崇拜林肯和華盛頓的勒格森・卡伊拉，經常對自己說：「我要靠自己探尋最佳的生活方式，然後取得讓人難以置信的成功！」

正因為這份決心，讓他走出了不同的未來人生。

靠著雙腳拓展出寬廣視野的勒格森，是如何得此成就，或許透過下面這則故事便可得知，說不定從中能讓你有一番新的啟發。

勒格森・卡伊拉是個非常努力尋求改變，而且勇於面對挑戰的孩子。在他還只是個非洲小男孩時，和村裡的許多小朋友一樣，總認為住在老家學習只是浪費時間而已，直到一位傳教士闖入了小勒格森的生活才有了轉變。

那位傳教士不只告訴他林肯和華盛頓的故事，還送給他兩本改變他一生命運的書，一是《聖經》，另一本是《天路歷程》，就是這兩本書點燃了他的希望夢想：「我一定會照著自己的方式去生活，我要像林肯一樣克服貧窮，克服困難，成為一名偉大的人。」

　　一九五八年十月，勒格森帶著只夠五天的食物和那兩本書，以及一把防身用的小斧頭和毛毯，堅定地踏上他求學之路。但勒格森並不知道他要上哪所大學，更不知道有沒有大學會接納他。

　　從開羅走到美國有三千英里之遙，勒格森卻一點也不畏懼：「我一定要照自己的方式過生活！」

　　勒格森曾經因為疲憊，幾度想放棄，但他最後都堅持走下去。只要一翻開那兩本書，讀著那些熟悉又激勵人心的字句，他的信心和堅強便會讓他再度恢復力量，支持著他繼續前行。

　　走了十五個月，近一千英里的路程，他終於走到了坎培拉，這時他的身體越發健壯，途中累積的經驗，讓他有了比同齡超過許多的智慧。

　　他在坎培拉待了六個月，這六個月他不只打工賺生活費，還把握時間到圖書館閱讀了大量的書。

　　當他找到一本圖文並茂的美國大學指南時，被其中的一張插圖深深吸引，那是坐落在湛藍天空下的學府，名叫斯卡吉特峽谷學院。勒格森仔細地閱讀簡介，心中也越發堅定「非它莫屬」。

　　決心要達到目的的勒格森當然不會讓自己閒著，立即寫自薦信給該學院主任，仔細說明自己的情況，並積極向學院申請獎學金。但是再有信心，仍然擔心斯卡吉特會拒絕他，因而勒格森不厭其煩地一封又一封地寄出申請信件，積極為自己爭取機會。

　　這份誠意與毅力確實迷人，主任還真被這個年輕人的決心感動了，不僅接受了他的申請，還提供他一筆獎學金和一份工作。

　　一九六〇年十二月，歷經二年多的行程，勒格森・卡伊拉終於來到了斯卡吉特峽谷學院，捧著那兩本書，驕傲地跨進學院的大門。

　　畢業後，勒格森並沒有就此滿足，選擇繼續深造學習，最後，

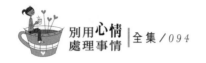
他成爲劍橋大學教授，同時也是一位人人敬重的作家。

因爲心中緊抱夢想，更堅決執著地要完成它，勒格森・卡伊拉終於如心中預想的，到達了心中盼望的天堂。

這個奇蹟般的力量不是天神賦予的，而是「決心」創造的。

或許有人要質疑，爲何神奇的決心能在勒格森身上大放光芒，偏偏在自己身上卻看不見呢？

原因很簡單，許多人面對夢想時，心心念念的不是「夢想目標」而是「夢想難圓」，展開實際行動前，就抱著「失敗」的心態看待夢想。正因爲選取的角度不同，所以勒格森能，絕大多數人不能。

再回到故事中，仔細地看著勒格森累積的腳步，一步又一步，幾千幾萬里的路在他的決心下一步步走完，這種意志力又是多少人難以企及的？試想我們才走個幾百公尺就開始喊累了，又遑論要如何圓夢呢？

「夢想不難達成，只要你有決心，不輕易退縮，當你嚐盡苦頭時，將發現自己已不知不覺來到了夢想的彼岸。」這正是勒格森達成目標時真正要與我們分享的感言。

冷靜保持智慧，才能找到機會

發現機會不難，難得的是你是否有敏銳的觀察
力和判斷力。唯有放下哀痛的情緒，才能處理
好迫在眉睫的困厄。

能用心觀察與學習的人，在別人跨一步時，他們已研究如何讓兩步併作一步的技巧，目的不是為超越別人，只是為了突破生活的極限。

你呢，是否知道怎麼突破生活的有限？

方法其實很簡單，只要自己充滿自信活力，培養足夠的機智膽識，人生路自然就能走得輕鬆自在，瀟灑寫意。

集中營裡，有個猶太人對他的兒子說：「孩子，我們什麼都沒有了，但還有智慧，記得，當別人說一加一等於二時，你要能想到大於二呀！」

集中營裡，約有五百三十六萬七千二百四十個人被毒死，唯獨這兩名父子奇蹟般存活了下來。

一九四六年，他們來到美國，在休士頓從事銅器生意，有一天，父親問兒子一磅銅的價格，兒子回答：「三十五美分。」

父親說：「對，全德州的人都知道每磅銅的價格是三十五美分，但身為猶太人的兒子，應該說三‧五美元。現在，試著把這

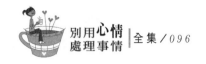
一磅銅做成門把看看。」

二十年後，猶太父親辭世，由猶太兒子獨自經營這間銅器店，他謹記父親的教誨，進行多方嘗試，曾將銅器做過銅鼓或瑞士鐘錶上的簧片，甚至連奧運會的獎牌也試過。

當他把一磅銅做成昂貴招牌時，還以三千五百美元賣出，這時他已經是麥考爾公司的董事長。

不過，真正使他揚名立萬的是紐約州的一堆垃圾。一九七四年美國政府為清理自由女神像翻新後的廢棄物，公開對外招標，請人幫忙處理，但是等了好久都沒有人投標。

當時，正在法國旅行的他聽說後，立即飛往紐約，然後沒有條件地當即就簽下約，扛起這件吃力不討好的工作，不少人笑他呆。但轉眼間，廢物成了寶貝，不禁讓人們看呆了。

他把廢料分類，將廢銅熔化，鑄成小自由女神像，餘下的木頭則加工成底座，其餘像是廢鉛、廢鋁則變成了鑰匙。甚至連女神身上掃下的灰塵，他都沒錯過，小心翼翼地將它包裝起來，然後賣給花店當盆栽材料使用。

只有三個月的時間，廢棄物便換得三百五十萬美元，特別是那些銅，一磅的價格整整翻了好幾倍。

發現機會不難，難得的是你是否有敏銳的觀察力和審時度勢的判斷力。對猶太兒子來說，能獲得成功是很平常的事，因為死裡逃生的人，總是比一般人更明白「要好好活」，也懂得要「怎麼活」！

非常時代的意外與無奈，雖然造成了不少悲劇故事，但順利活下來的人們，總不忘積極改寫人生命運，因為他們從生死關頭

中學會了珍惜。

　　就好像那個猶太父親一般，當別人哭泣生命將逝的時候，他卻把握機會將智慧留給他的下一代，鼓勵孩子將悲傷的心情暫時放在一旁。

　　為當下努力而活才是最重要的，唯有放下哀痛的情緒，才能處理好迫在眉睫的困厄。猶太父親想告訴自己的孩子是：「生命一定會有奇蹟，只要你能看得見生命智慧。」

　　是的，生活奇蹟便是靠著人類智慧成就而得，無論市場的銅價值如何，終究是由人們訂定的，相對的，握在你我手中的事物，全看你我怎麼賦予新義，並為它們加碼增添價值。

　　想要揚名立萬不難，希望有一天名揚四海也非難事，重要的是你是否有創造的決心，又是否能不在乎世人的異樣眼光和嘲笑，能執著專注於心意已決的目標，要求自己全力衝刺。

　　「積極生活是我們應該抱持的生活態度，發現機會之時，要審慎評估，並大膽嘗試、一加一會大於二，是因為兩個一相加的同時，還加上無法估計的智慧！」這便是猶太兒子累積父親和自己學習而得的智慧結果，聰明的你，是否已從中得到了另一番新啟發呢？

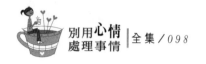
不要用僥倖的心情處理事情

自己的實力是否充備，要有一定的認識，知道
不足，便要先積極自我充實，不要用一時僥倖
的心情處理事情。

習慣誇大自己才能的人，常常要面臨謊言被戳破的尷尬難堪
場面。因此，人前人後，有幾分功力說幾分話，不必要的油醋千
萬別亂加，免得著了火，到時想滅都滅不了。

其實，能力和經驗是累積出來的，不怕自己有所欠缺，就怕
明明不懂卻偏偏裝高手，自知實力不足之時就謙卑以對，不要抱
怨別人不給自己機會！

知道功力還差三分，就好好把那三分充實起來。眼前機會雖
然不等人，但待實力累積夠了，也有十分自信迎接各項挑戰時，
更好的機會勢必會源源不絕地迎面而來。

有個年輕人拿著自己的履歷來到一間科技公司，客氣地向櫃
台人員說：「我要應徵工作。」

事實上，公司並沒有刊登廣告要招募新人，但櫃台小姐聽見
後，還以為公司真要招聘新人，因而撥了電話向人事經理報告。
經理了解情況後，又以為可能是總經理親近的人，於是再撥了電
話向總經理詢問，沒想到了解情況後，得到的結果卻是公司根本

沒有要聘新人。

「還是讓他上來，看看他到底有什麼本事。」這個主動大膽的年輕人挑起了總經理的好奇心，決定破例讓他試一試。

只是當他們開始與這個年輕人面談後，卻大失所望，因為他表現得實在很糟糕，不只對公司概念模糊，就連基本的英語會話也說得七零八落。經理忍不住揮了揮手，說道：「好了，你可以回去了。」

「對不起，我有些緊張，也確實還沒準備好，請再給我一次機會。」年輕人尷尬地說。

「那就等你準備好了再來吧！」總經理不耐煩地說。

一個星期後，年輕人真的再次走進科技公司的大門，但這次他依舊沒有成功過關，不過經理倒是發現，比起第一次，他的表現好許多了。

不過，總經理仍然這麼回答：「等你準備好了再來。」

就這樣，年輕人先後走進公司大門五次，最後終於被錄用了，甚至還成為該公司接下來重點培植的員工之一。

故事中的年輕人看起來頗讓人敬佩，但事實上真要讓人感到敬佩的，卻不是一再嘗試的年輕人，而是大方惜才而且願意給年輕人那麼多次機會的總經理。

因為，即便年輕人膽量十足，但明知準備不夠充分卻還匆匆上陣的態度，確實有著必須檢討的空間。

設身處地想想，如果是你，相同的機會你會怎麼把握？

是同樣帶著不到五成功夫就急著去爭取機會，還是會預先加滿了油後再以十分的自信向對方爭取？

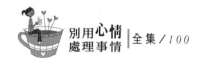
現實社會中，面試官不會有太多耐心，他們不會奢望搞不清楚自身實力的新人肩負起多麼重要的責任或機會。

聰明人有十分把握才做十分事，把每一次機會都握在手中。自己的實力是否充備，要有一定的認識，知道不足，便要先積極自我充實，不要用一時僥倖的心情處理事情。

既然下定決心設定自己的人生目標，更要紮實補強能力，才能帶著不凡的信心，向既定的夢想目標前進。

別讓內心慾望主導人生方向

 只要每分每秒都能執著認真，不讓內心的慾望
主導人生的方向，任何片刻都能寫下一份永恆
且卓越的人生成績單。

從出生開始，每一個生命都是靠自己的力量長大，再艱困的
難關，只要願意保持樂觀心情，就一定能熬過、走過。

別問別人能給我們多少幫助，要問自己能給自己多少支持和
突破的決心。人生的路程得靠自己前進，再多的外力支持也比不
上我們雙手支撐的力量。

上帝忽然想到人間走走，途中遇到一個正在鑽研人生問題的
智者。上帝看著想到發呆的智者，走近他身邊問道：「朋友，我
也正為人生感到困惑，要不要一塊兒來思考討論呢？」

智者一看，正要問他是誰時，上帝又說：「只是單純地討論
問題，聊完了我們就分手了。」

智者點了點頭說：「好，我明白了。我總覺得人類是很奇怪
的動物，時而非常理智，時而做出極不理性的行為，特別是常在
大方向中迷失。」

上帝嘆了口氣說：「我也有同感，人們很容易厭倦童年，急
著長大，但長大後卻又渴望返老還童；健康時不肯好好珍惜健康，

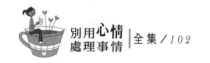
總愛用健康來換取財富，最後才又逼著自己放棄財富去換取健康；說到未來，一個比一個還要焦慮，但對於當下，卻沒有一個人肯好好面對。結論是，人們既沒有好好生活在當下，也沒有認真看待未來生活；活著時好像永遠不會死，但瀕死時個個卻又好像從來沒活過一樣，什麼人生如夢……」

「研究人生的問題，的確是件耗費時間的事，不知道您是怎麼利用時間的呢？」智者問。

「時間？我的時間是永恆的，只要人們對時間有了真正透徹的了解，自然會懂得什麼是人生。時間包含著機遇、規律和人間的一切，好像新生命、新經驗和新智慧，人生有許多非常重要的東西等待我們自己去開發。」上帝說。

智者靜靜地聆聽上帝的每一句話，上帝卻不再開口，只是拿起手中的書，指著書上的幾行字給智者看：

人啊，你應該知道，不可能取悅於所有人；

人生，最重要的不是擁有什麼，而是去做什麼；

富有，不是要擁有很多，而是要讓貪慾少一些；

要深度傷害一個人只要幾秒鐘，但治療它卻要用很長很長的時間；

別忘了，有人會深深地愛著你，但他們常常不知道要如何表達心中的愛；

唯一金錢不能買到，卻能讓你免費擁有的珍寶，是幸福；

寬恕別人和得到別人的寬恕是不夠的，你還要能寬恕自己；

每個人都愛玫瑰，但喜歡它不是非得把它那扎人的刺除掉不可，你要學會不被它的刺傷到，還要能小心呵護它無傷；

最重要的是，很多事錯過了就不再，但錯過了，事情便會出現改變。

智者看完了這些文字，說：「這根本只有上帝才能……」

智者話還沒說完，才發現書捧在他手中，眼前那個人已經不見了。忽然，從天上傳來一個聲音：「對每個生命來說，最重要的是，只有自己才是自己的上帝。」

聽見「只有自己才是自己的上帝」之時，你的心是否也為之一振？

不為取悅他人而為，生活的定義無非就是我們要做該做的事，讓日子少一點慾望，這些都是我們日常中最常思考的事。接下來的愛與寬恕，認真珍惜，更是我們經常期勉自己要做到的生活態度！那些事不是只有上帝才做得到，只要我們願意，這一切都是我們做得到的，所以上帝在寓言故事中傳達如此旨意：「你就是自己的主宰！」

無論迷失與否，也不管生活過得多麼荒唐紛亂，這一切都是我們自己親手完成的成績單。

我們應當用心生活，不輕易錯過任何機會，如果錯過了，也要更加勇敢向前。世事隨時都在變化，只要每分每秒都能執著認真，不讓內心的慾望主導人生的方向，任何片刻都能寫下一份永恆且卓越的人生成績單。

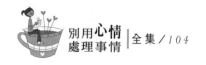
克制享樂心情，才能處理好事情

要拒絕誘惑，時時對自己的貪婪慾望、享樂心情說「不」，克制無謂的消費慾念，自然能早早擺脫月光族之林。

「卡奴」和「月光族」是現代社會的新名詞，若以過去常用的詞彙解釋，其實代表著「慾望」。

不是嗎？若非貪戀一時的慾望享樂，手中的卡片又怎麼會刷爆一張又一張？若非貪圖奢華，日常開支又怎麼會老是透支呢？

生活掌握在自己手中，不必要的消費動作必須加以克制，別說這事很難，只要有決心，克制慾望絕對比想像中容易簡單。

佩佩剛成為大學新鮮人，家裡每個月都會給她一萬元當生活費。對一個學生來說，一萬元理應夠用了，可是佩佩還是覺得手頭很緊，因為只要同學們邀她參加聚會，她就一定會參加，拒絕的話讓他覺得很沒面子。

她常常毫不遲疑就說「好」，就算月底財務吃緊，還是會點頭說「好」，然後跟著朋友們到處吃吃喝喝，胡亂消費。

有一天，姨媽來找她，要她陪伴吃飯，但此刻的佩佩口袋裡只剩二千一百元，心想還得靠這僅存的二千塊活到下個星期呢：「這可怎麼辦？算了，還是去吧！怎麼說都是姨媽呀！」

　　佩佩知道有間合適的自助餐廳，在那兒她們一個人只要五十塊就能吃得飽飽，這樣一來，她就可以勉強靠那二千塊撐到月底。

　　見面時，姨媽先問：「到哪兒好呢？午餐我吃得少，太多了可吃不完。」

　　佩佩點了點頭，帶著姨媽往自助餐店走去，但就在接近時，姨媽突然指著對街的「義式家常菜」說：「那家看起來很不錯，我們到去看看吧！」佩佩一看，心涼了一半，那家店價格可不便宜呀！但她還是說：「好。」

　　「總不好跟姨媽說我的錢不夠，那兒太貴了，改天再去吧！那裡的東西確實好吃，唉，算了，還好今天錢都帶出來了。」佩佩安撫著自己，至於明天之後，她不敢再想下去了。

　　服務生拿出菜單，佩佩點了最便宜的餐點，只要一百五十元，至於姨媽點的則是偏貴的一道，要五百四十元，佩佩這會兒心中盤算著剩下的錢：「唉，只剩一千四百一十元了。」

　　「還需要什麼嗎？」服務生問。

　　「對了，我們這裡有道招牌菜，叫啤酒鴨，您要不要試試？」

　　「好，來一盤試試，聽說很美味，佩佩，妳要不要來一些？」姨媽問。

　　這下，佩佩心裡有點慌了：「如此一來，不就只剩一千六十塊了嗎？那未來一個星期，我要喝西北風啊！」心裡雖然慌，但佩佩還是沒有拒絕，仍然點了點頭說：「好！」

　　跟著，服務生很好心地又來推薦所謂的招牌蛋糕和招牌咖啡，聽得佩佩頭都昏了，最後服務生又端來一些免費招待的水果，只見佩佩大口大口地吃著，直到服務生把帳單送來：「二千一，謝謝！」

　　佩佩拿出二千一，然後尷尬地看著姨媽。

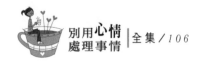

「口袋裡的錢都掏光啦！這是妳全部的錢？」姨媽問道。

「嗯！」佩佩點了點頭。

「妳要請我嗎？但這是妳僅有的生活費，不是嗎？」姨媽開心之餘，仍然關心地問她。

「嗯，沒關係的，姨媽，只要您高興就好了。」佩佩說。

「佩佩，妳是學語言學的吧？」姨媽問。

「是。」佩佩說。

「好，讓我考考妳，妳知道所有的語言當中，哪個字最難念？」姨媽問。

佩佩搖了搖頭，說：「我不知道耶！」

「是『不』啊！妳得學會說『不』，知道嗎？我早猜到妳月底肯定又口袋吃緊了，姨媽是想給妳一個教訓，故意不停地點最貴的東西，並注意著妳的表情，可憐的孩子！」她付完帳後，還給了佩佩二千塊當生活費。

「不是所有交際應酬都必須參加，妳現在還只是個學生，凡事要懂得量力而為啊！生活開銷更要有規劃和計劃，明白嗎？」

姨媽再次叮嚀了佩佩，佩佩則點了點頭，說：「我明白，姨媽。」

在這個「月光族」眾多的社會中，佩佩的情況想必讓不少人心有戚戚焉，甚至怨嘆不已，只是那麼多的嘆息和埋怨，真要責怪的人還是自己！

說害怕朋友不再理睬只是藉口，煩惱面子掛不住更是存心推諉，簡單歸納原因，大多數的月光族說穿了，都是因為過度的享樂主義！

　　他們一次幾千塊、幾萬塊地消費，總說是要好好犒賞自己的辛苦生活，可是最終得出的結果，卻是更加辛苦的還債生活，貪圖一時的快樂享受，顧前不顧後，這般慘況實在怨不得人。

　　心力交瘁地背負著「卡奴」之名，能怪銀行刻意誘惑？

　　當然不行了，要怪也得怪自己任由無盡的慾望指揮，只顧眼前狂歡狂喜，卻忘記思考明天恐怕要樂極生悲！

　　佩佩姨媽強調「不」字，不只教導佩佩要開源節流，更要懂得掌握自己的生活方向，而不是一味地配合著朋友腳步卻忘了自己的步伐。姨媽還教導了我們一件事：「生活中，要拒絕誘惑，時時對著自己的貪婪慾望、享樂心情說『不』，克制無謂的消費慾念，自然能早早擺脫月光族之林。」

誇大的心境容易使人陷入窘境

只要自覺累積不夠，就回頭先好好充實自己。
抱著自以為是的心態處理事情，只會使自己陷
入窘境。

為了爭取機會，有的人會故意誇大自己的能力，然而，是否
能表現出十足自信卻又是另一回事。畢竟，滿口謊言的人自然擔
心謊話被發現，更擔心著別人進行測驗。

日常生活和工作場合中，我們不難發現，這一類總是誇口說
大話的人眼神必然飄忽，甚至坐立難安，心慌得想要遁逃了。

有家著名的國際貿易公司正在招聘業務人員，應徵者中有位
年輕人的條件極佳，畢業於某所著名的大學，又有三年的相關工
作經驗。當他出現時，整張臉充滿了自信。

「請問，本公司的主要業務是做什麼的？」主考官問道。

年輕人說：「蔬菜進出口。」

「蔬菜呀，那能不能請你說一說，對業務人員來說，到底是
產品重要，還是客戶重要？」主考官又問。

年輕人想了想，回答說：「當然是客戶重要了。」

主考官點了點頭，又問：「好，你也累積了三年的經驗，應
該知道新鮮蔬菜的特性。這些蔬菜中，菠菜出口的主要對象是日

本，據了解，以前的銷售情況很好，可是近幾年銷售成績卻不理想，對此你有什麼看法？」

年輕人頓了一下，只說：「因為菜不好。」

「為什麼不好呢？」主考官問。

年輕人又頓了一下說：「嗯，就是品質不好。」

主考官看了看他，問道：「你從沒去過產地吧？」

年輕人看著主考官，沉默了幾秒鐘，沒說是或不是，卻反問他：「你怎麼知道我沒去過？」

主考官笑著說：「如果你去過，就應該知道為什麼菜不好。一般人都知道，蔬菜採收的最佳時間只有十天，這段期間內的波菜鮮嫩好吃，太早了不行，晚了一天就變老了。要保持鮮度，採收後要將菜攤開放在地上晾一天，第二天得翻身，然後再晾一天，等水分蒸發乾後才能把菜裝箱。不過，據我了解，當地農民為了多採多賣，把蔬菜全採回家，卻又等不及自然晾乾，將菜放在熱炕上烘，儘管只烘兩個小時，但也把菜的滋味全烘不見了。雖然經過加工處理讓波菜的外表上看起來一樣，可是其中口感已經天差地別了呀！」

年輕人尷尬地說：「我沒有去過產地，所以不知道你說的這些事。」

年輕人低著頭走出公司大樓，原本有希望入選的他，最後沒有被錄取。當然他自己也知道，他們是不可能錄取像他這樣一個在外貿公司工作三年，整天只會陪客戶吃飯，卻沒下半點功夫，毫無專業可言的業務人員。

看著年輕人失去機會，不知道是否讓不少人也心驚膽顫起來？

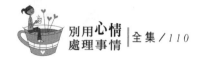
看看四周，很多人不也像年輕人一樣，才會一點皮毛便強裝無所不知，四處誇耀自己與某某名人有多熟，總是忘了謊言被戳破時的尷尬與難堪。

沒有人是萬能的，即便某個領域非常專精的人，也不敢說自己無所不能，因為學習無涯，我們始終有學習不完的東西。

因此，我們時時要以謙卑的態度面對人事，若抱著自以為是的心態處理事情，只會使自己陷入窘境。

如果自覺累積不夠，就回頭先好好充實自己，若自知專業能力不足，從現在開始便要認真學習，才能保障自己在最佳機會出現時，能一手把握，絕不錯過。

只要願意面對，便能把握住機會

成功者沒有絕對的條件，只要放下自怨自艾的
心態，踏實也務實地規劃未來，無論在任何領
域中，都能把握機會。

認真執著是生活的首要條件，踏實用心是成功的不二秘訣，
每個人都會遇到各種人生考驗，無論其中過程如何艱難，最後總
要走過。

面對問題時，遇上難題時，除了勇敢迎向它外，就是認真執
著且踏實用心地面對它，走過它。

在某個貧窮村莊裡，有兩個兄弟相依為命。

這天，十六歲的哥哥帶著十四歲的弟弟到附近的碼頭找工作
機會，就算只是幫有錢人提袋子的機會也好，無論如何都得先賺
個幾塊錢，別讓肚子空著。

兄弟倆在碼頭轉了一整天，一點收穫也沒有，眼看天要黑了，
哥哥抱著弟弟忍不住哭了起來，就在這個時候，有艘大船靠岸，
兩兄弟像是看見希望一樣，急忙上前探尋。

然而，當他們打聽清楚以後，才知道這是一艘販賣人口的船，
哥哥連忙拖著弟弟急忙跑開。但餓了那麼多天，他們連走路都有
問題了，更別說跑步，一下工夫，兩個瘦弱的小伙子便被一名壯

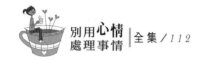
漢硬拖上船。

就這樣，小兄弟成了人口販子的奴隸，跟著船四處流浪，哥哥最後被賣到較富庶的芝加哥，弟弟卻被賣到貧窮的東南亞某處。

哥哥遇上一個白白胖胖的孤寡老頭，每天幫這個老人家煮飯、洗衣服，雖然忙碌，但總算衣食無缺。直到三年後老人死去，他才被其他家人趕到街上。

好在，工作認真負責、做人老實的哥哥，很快地便找到一間小飯店的工作。他什麼事都肯做，讓飯店主管非常肯定，發展也越來越順暢。

幾十年過去了，哥哥腳踏實地，處世極為謙虛誠懇，娶妻生子後，總不忘記告訴孩子：「你們雖然讀了很多書，但做事一定要實實在在的，不可好高騖遠，安安分分做好每件事才是最重要的。」

抱持著務實的觀念，哥哥成為芝加哥僑界最具聲望的領導人物，開了兩間餐館、兩間洗衣店和一間雜貨舖，而且子孫滿堂，一個個也成就非凡。

至於讓哥哥牽腸掛肚的弟弟，其實過得也不錯。被賣到落後國度的弟弟，到了一個橡膠園當廉價勞工。

聰明的他得到不少人的肯定，其中一個人，便是橡膠園園主的寶貝女兒，經過一番競爭，弟弟不僅贏得芳心，同時也獲得了園主的肯定。

當了乘龍快婿的他，得到岳丈的支持，開始積極求學，大學畢業後，大膽地投入房產業。幾年之後，他擁有的資金快速成長，接著開始涉足金融業，不斷地收購、擴張企業，生意越做越大。

這個弟弟後來成了出色的銀行家，也繼承了岳父的產業，一九八八年，失散四十多年的兄弟碰巧在返鄉尋根的時候找到了彼

此,這時的他們再也不是當年的貧苦小兄弟。

　　所有的苦難都會過去,只要願意面對,就可以從中到機會。

　　小螺絲釘也有大作用,好的角色不在於是否光芒四射,而在於是否淋漓盡致地演出!就像戲劇裡的配角,雖然戲份不重,但好的配角總是最能吸引觀眾的注意。弟弟的成功確實讓人佩服。論膽量,哥哥確實比不上他,但若論思考的周延,對人事物的謙和,又屬哥哥最為人敬重。

　　我們大可依自己的個性與特質,選擇喜好的角色來學習,只要能充分發揮所長,只要能各自發現自己的價值,在廢棄物堆中也能得出一番成就。

　　英雄不論出身高低,成功者沒有絕對的條件,只要放下自怨自艾的心態,踏實也務實地規劃未來,無論在任何領域中,都能把握機會,都會是最具特色也最出色的主角。

機會是否存在，取決於心態

別再用心情處理事情，

不要忽略了生活中的每一個細節，

學學堅持與不放棄，

認真地檢查你的態度吧！

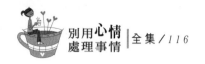
得失心少一點，快樂就會多一點

何必因為意外的得失自怨自艾？別把得失看得
那麼重，不管生活貧困或富有，只求生活快樂
最重要。

有段生活禪詩是這麼寫的：「春有百花秋有月，夏有涼風冬
有雪；若無閒事掛心頭，便是人間好時節。」

只要得失心少一些，我們的心田自然能容納更多的富足感。

只要內心富足，我們就不會因為得失而陰晴不定。

尤里斯是個很有才氣的畫家，在他的作品中，總是能感受到
一份快樂的情緒，他曾說：「人生很快樂，所以我喜歡畫快樂的
世界！」

這天，有個朋友拿著彩券走了進來，看見尤里斯又在辛苦作
畫了，忍不住勸他說：「尤里斯，勸你還是去買張彩券試試運氣
吧！只需花兩馬克，你就有機會可以賺到很多錢。」

尤里斯笑著說：「好哇！」

沒想到第一次買彩券，尤里斯居然中了五十萬馬克。朋友羨
慕地說：「沒想到你這麼幸運，一次就中，以後你可以不必再畫
畫了！」

尤里斯笑著說：「是啊！以後，我只需要在支票上畫數字就

可以了。」

賺了一筆意外之財的尤里斯，立刻買了一幢別墅，還花了一大筆錢裝飾這間房子。屋子完工後，尤里斯獨自來到屋子裡，感受一下新房子的氣派。

尤里斯滿足地坐在華麗的波斯地毯上，仔細欣賞著華麗的新房子，並點燃一根煙，靜靜地感受這個意外之財帶給他的幸福。

但是，這樣的幸福感卻不持久，只見他站了起來，吐了口氣說：「真是孤單，還是到朋友家去吧！」

他隨手把煙一丟，便走了出去。

他完全沒料到，這個很平常的丟煙動作，卻把他的幸運一瞬間燃燒精光。

因為，他忘了，這個地方不像過去的那間石屋，鋪在地上的不再是粗糙耐用的石板，而是脆弱易燃的波斯地毯。

朋友們知道這個不幸的消息，紛紛前來安慰尤里斯，有人說：「尤里斯，你真是不幸啊！」

只見尤里斯不解地問：「為什麼不幸？」

朋友以為尤里斯傷心過度，忘了發生什麼事，便提醒他：「你好不容易得到五十萬馬克啊！真沒想到就這麼一下子，全部又沒了。」

尤里斯看著朋友，接著開朗地大笑說：「什麼五十萬馬克？其實，我只損失兩馬克而已呀！」

人若是不能用平常心看待財富，就會患得患失，就像英國諺語所說：「財富在辛苦中得來，在憂慮中保持，在悲傷中失去。」

如果，用金錢換得的全是孤單和寂寞，有多少人真的願意一

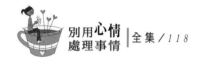
個人獨坐在寂寞的金山上呢？

　　意外之財本來就不是我們的，當它意外地消失時，多數人不過是回到原來的生活而已，並沒有任何損失，何必因此自怨自艾？

　　所以，別把得失看得那麼重，學學尤里斯吧，得到或失去的心情，無法撼動他對人生的看法。不管生活貧困或富有，只求生活快樂最重要。

實際行動勝過揣測不定

生活中不免遇到問題，何不放下不安的心情，
少一點想像和猜測，多一點勇氣面對與積極解
決的行動力？

　　每當一種新食品出爐時，我們總會對內容物充滿複雜的感覺，因為好奇所以想試一試，卻又擔心口味不對胃，這時有人會等待別人先嘗試，有人會自己積極嘗試，不知道你常怎麼決定？

　　人生中的各種問題其實就如同嚐鮮一樣，擺在心裡好奇不已，想試卻又不敢試，因而遲遲無法決定的情況，不就像解決問題或邁向新生活目標一樣，只是那麼多遲疑，對我們有何助益？

　　不妨聽服務生的話：「試了就知道」，大膽一試之後，自然就會知道東西到底對不對胃，事情到底容不容易解決。

　　在某個菜園裡，擺放了著一顆很大的石頭，寬度大約有三十五公分，高度有十二公分，曾經走進菜園的人，幾乎每一個都會不小心踢到那顆大石頭，不是被大石頭絆倒，就是被它尖銳的角刮傷。

　　有一天，小女兒忍不住對父親埋怨地說道：「爸爸，你為什麼不把那顆討厭的石頭挖走呢？」

　　農夫爸爸回答說：「妳說那顆石頭啊，它可是從妳爺爺那個

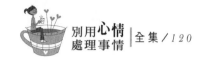

時代就有了，而且一直從以前放到現在，其實，老爸也不是沒想過要搬移它，可是妳看看，它的體積那麼大，真不知道要挖到到什麼時候呢？何必浪費時間去挖它，只要我們小心點走路就好了。再退一步想想，我們還可以藉此來訓練自己的反應能力，不是挺好的？」

就這樣，這塊惱人的大石頭再次被保留在原地，繼續考驗著這一家人的「忍耐力」和「反應能力」。

又過了不知道多少年，這顆大石頭已留到了新一代出生，當年的小女孩已經結婚生子了。

有一天，女婿來到女孩家，被派到園子裡摘點新鮮蔬菜，只是女婿才剛走出去，不一會兒工夫便見他氣呼呼地走回到屋裡，並對著家人說：「爸爸，菜園裡那顆大石頭擺在那兒實在不妥，改天請人搬走好了。」

老爸爸還是笑著說：「算了吧！那顆大石頭看來很重的，再想想，要是可以搬移的話，早在我小時候就被搬走了，哪裡會讓它留到現在呢？」

女婿聽了雖然不大認同，但也不好反駁，只是心裡默默地想著：「不行，不搬開的話，大家不知道還要跌倒多少次，還是把它搬開吧！」

第二天早上，只見女婿一個人帶著一把鋤頭和一桶水來到菜園裡，先是將整桶水倒在大石頭的四周，約莫等了十分鐘之後，再舉起鋤頭，輕輕地在大石頭四周攪鬆泥土。

女婿原本心裡已經做好準備要花一天的時間來挖，未料，竟不用十分鐘就好把石頭挖起來。原來，這看起來沉重的大石頭，埋在土地的面積居然不到土壤外的百分之一啊！

　　雖然農夫一家人都討厭那顆大石頭，也都覺得它阻礙了大家的生活腳步，但是農夫卻沒想到往後生活、工作的便利性，只想著搬移石頭的困難度，也只顧著找各種理由和藉口推諉，始終不肯試一試。若非女婿的積極嘗試，這一家族的人恐怕要受困於這顆「大石頭」一代又一代。

　　從農夫身上反省我們自己，是不是也曾有過相似的狀況，又是否也曾因為一些無謂的猜想煩惱，而讓自己始終困在原地踏步？

　　眼前的大石頭不搬開，或許真能訓練我們的耐力與敏銳度，但若是這麼想，搬移了石頭，我們不僅能多空出一小塊土地發揮，行動也能不再因閃神而受傷，不是更一舉兩得！

　　生活中我們不免遇到難以解決的問題，也總會想著其中的麻煩，猜測著可能難度，但無論我們怎麼臆猜，事情總要解決面對，陷在猜疑不定的心情裡，不可能將事情處理好。

　　既然如此，何不放下不安的心情，少一點想像和猜測，多一點勇氣面對與積極解決的行動力？

　　早一點把問題解決，才能少一點「早知道」的遺憾。

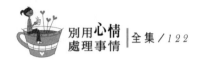
機會是否存在，取決於心態

別再用心情處理事情，不要忽略了生活中的每
一個細節，學學堅持與不放棄，認真地檢查你
的態度吧！

機會人人都有，只是每個人等待機會到來的時間長短不同。

但是，從另一個角度來說，機會並不是人人都有，因為每個
人等待機會到來的耐心，也是長短不同的。

不要忽略了生活中的每一個細節，即使只是張履歷，也要因
應不同的公司特質，針對他們需求的條件認真地修改，才能展現
你的誠意。特別是在寄了一百封應徵信還得不到回應時，你該做
的是改變心態，而不是情緒化的處理方式是不可對你有幫助的。

三年前，四十歲的喬伊遭到公司無預警裁員，一家人的生活
頓時陷入困境。

為了養家活口，他只好四處打零工，賺點錢維持家計。

喬伊一邊打工，一邊尋找正職，但是面試時，他們不是以年
齡太大拒絕，就是說沒有空缺。雖然處處碰釘子，喬伊卻從未失
去信心。

有一天，他發現住家附近有一家建築公司，於是他寄了第一
封求職信到這間公司。信中他沒有吹噓自己的才能，也沒有提出

任何要求，只簡單地寫了七個字：「請給我一份工作。」

老闆收到這封求職信後，便直接轉交給秘書，要他們回覆喬伊：「對不起，公司沒有空缺。」

喬伊收到回信後一點也不難過，又寄了第二封求職信去，還是沒有多說自己的才華，只是在第一封信上多加了一個字：「『請』請給我一份工作。」

從此，喬伊一天寄兩封求職信，而且每封信上都沒有多談自己的情況，只在信的開頭上，比前一封信多加了一個「請」字。

三年的時間，喬伊寫了二千五百封信，第二千五百封信的「給我一份工作」的前面，已經累積了二千五百個「請」字。

當建築公司的老闆見到第二千五百封求職信時，終於沉不住氣了，親筆回了一封信：「請即刻來公司面試。」

面試的時候，老闆告訴喬伊，公司裡最適合他的工作就是處理郵件，因為他很有耐心。

曾經有人問他：「為什麼你在每封信上，只增加一個『請』字呢？」

喬伊微笑地回答：「沒什麼特別的，因為我沒有打字機，這個動作是為了讓他們知道，這些信沒有一封是複製的。」

另外也有人問老闆：「您為什麼願意錄用喬伊呢？」

老闆幽默地說：「當你看到信上有二千五百個『請』字時，如果還不被感動，恐怕就有點冷血了！」

看完了故事，或許有人要嘲笑喬伊的笨或臉皮厚，但是不可否認的，因為他的「誠意」與「執著」，終於讓他找到了適合的工作。若是喬治因為一時的受挫，陷入灰心喪氣的情緒中，不願

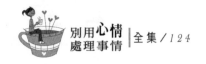
奮起振作，必然會失去工作的機會。

　　曾經看到一則報導，有個人應徵不下百間公司，而且不管應徵的職務是否相同，他寄去的履歷全是統一格式。

　　專家問他：「你的履歷表怎麼這樣寫？」

　　他說：「我又不是第一次找工作，隨便寫寫就好了！」

　　還在失業中的你，是不是也抱著這樣的態度，用隨便的心情找工作呢？

　　別用心情處理事情，別再抱怨自己找不到工作了，學學喬治的堅持與不放棄。還有，認真地檢查一下你應徵的態度吧！

看事情的角度，決定你是否幸福

 有人只知怨天尤人，無法以客觀的角度將一切
事情看個清楚，必須放下埋怨、不平的心情，
才能理智看待一切。

你的人生烏雲密佈，找不到方向嗎？

不要讓低迷的心情影響你的決定，而要試著改變看待事物的
角度。告訴自己，在灰暗的天空中，如果看得見一道曙光，那麼
你的人生就沒有什麼「不可能」的！

一九三四年的春天，愛波特在威培城西道菲街散步的時候，
目睹了一件事，也因為這件事，讓他的人生觀有了重大的改變。

在這件事發生之前，愛波特有一間已經開了二年的雜貨店，
但是，這間店的生意並不好，不但把他的積蓄都賠光了，還負債
累累。不久，他便把雜貨店給關了。雖然店已經關門了，但還是
必須先把貸款還清，才能回到故鄉堪薩斯重新開始。

生意經營失敗的愛波特，因為這個打擊，失去了一切的信念
和鬥志。就在這個時候，有個失去雙腿的人朝著他的方向走來，
這個缺腿的人坐在一個木製的車子中，靠著雙手的力量拄著拐杖
往前滑走。

兩人剛好在過馬路時相遇。缺腿的人滿臉精神微笑地向愛波

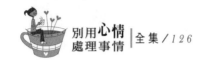
特招呼著：「先生，您早啊！今天天氣真好，不是嗎？」

愛波特看著他，突然間感到非常慚愧，忍不住低下頭，看著自己健全的雙腿，心想：「我多麼幸福啊！我有兩條健康的腿可以走路，再看看人家，失去了雙腿卻還能這麼快樂，這麼充滿自信，我還有什麼地方不滿足？」

心中有了這樣的對比，愛波特忽然覺得，自己是全世界最幸福的人，心情也開闊了起來。

原本還在煩惱貸款的他，決定鼓起勇氣，再向銀行借了二百元，並在他跌倒的地方，重新開始。

後來，他每天早上梳洗時，都會仔細地讀一遍鏡子上的文字：「我憂鬱，因為我沒有鞋；我幸福，因為我看見他沒有腳！」

有句俗諺這麼說：「你騎馬來我騎驢，看看眼前我不如；回頭一看推車漢，比上不足比下餘。」

幾乎所有的人都要經過比較，才懂得這番道理；然而還是有很多人，就算有得比較，仍然看不見這番道理。

有人看見推車漢，從此懂得知足的幸福；有人看見騎馬人，只知怨天尤人，即使看見推車漢，也無法以客觀的角度將一切事情看個清楚，只會怨懟：「唉，活在這樣的世界真不幸啊！」

你怎麼看待你的世界呢？

不努力的人請往上比較，不知足的人請往下體會，必須放下埋怨、不平的心情，才能理智看待一切。

這個世界就是這樣，它的多元，不只是在功成名就的層面上，更存在於我們追求的幸福人生中。

不逃避，便能贏得敬意

一時的避和意氣，不可能將事情處理好，冷靜
處理自己一時想逃避的心情，勇敢面對最忠實
的理念，便能贏得所有人的敬意。

「人無信不立」，信譽是一種無形的資本，一個人的信用比
有形的金錢或能力更爲重要。人們常說「信用即是財富」，便是
這個道理。

一時的逃避和意氣，不可能將事情處理好，特別是情勢不利
於你的時候，真正能得到人心的人，要有無人能比的信譽和信念。

當年巴黎公社失敗後，反動軍便開始屠殺參與者，刑場上，
犯人一個個被押到土牆前，等候槍決。

在典獄長的監督下，有十二名槍手執行槍決任務，這時有個
十六歲的少年被押了上來。

沒想到，少年忽然跪了下來，向獄長哀求：「先生，我的母
親就住在附近，我死後她就沒有依靠了。我這裡有只金錶，能不
能讓我把金錶送給她後，再回來等候槍決？」

典獄長看著少年，想起家中同齡的兒子，忍不住動了惻隱之
心：「好，我相信你，你去吧！」

其實，典獄長心中還想著：「他只是個孩子，放就放了吧！」

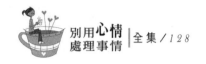
看著少年的背影，每個人都想：「他走了，還會回來嗎？別想了！」

沒想到五分鐘後，人們又看見少年的身影了！只見他氣喘吁吁地跑了回來，還站回到堆滿屍體的土牆前。

少年堅強地說：「先生，謝謝您！您可以開始了！」

在這樣的情境中，原本充滿仇殺的氣氛忽然間都不見了，這個少年身上居然充滿著勝利的驕傲，一種神聖不可侵犯的精神，正濃烈地散播著。

執行官呆了好久好久，當男孩緩緩地閉上雙眼時，他才艱難地舉起了槍，用著顫抖不停的手，開了一槍……

因為對承諾的堅持，讓年輕人的精神不死，也因為他的誠信和勇於面對，反而征服了敵人的心。

一旦偏離了誠信，想要看見成功的機會，恐怕很難了。

當你也被少年的誠信和信念感動時，不妨重新審視自己的待人處事方式，何不用相同的方式面對未來？

冷靜處理自己一時想逃避的心情，勇敢面對最忠實的理念，便能贏得所有人的敬意。

不強出頭，才能堅持到最後

 做任何決定前，還是得衡量自身狀況，將一切控制在自己能負擔的範圍內，才能達到最好的成效。

美國知名魔術師大衛・布萊恩為了創新世界紀錄，曾經在注滿水的玻璃缸裡待了八天七夜。

這種「亡命」式的表演，雖然贏得紀錄，卻讓他的身體受到很大的損傷。

不管做任何事，都必須量力而為，過與不及都不是一件好事。

一九九九年冬天，法國某地舉行了世界性的吃蝸牛冠軍賽。來自各地的高手紛紛聚集於此，準備大顯身手。一位法國青年一鼓作氣，三分鐘內吞下一百七十二隻蝸牛，奪得了世界冠軍。

正當觀眾們熱烈地向他祝賀時，這位冠軍忽然腹痛難忍，倒在地上痛苦地打滾。救護車立即將他送到醫院，檢查結果是暴食暴飲引起的急性胃擴張，醫生千方百計地搶救，還是宣告無效，這位世界冠軍就這樣活活脹死了！

二〇〇〇年夏天，某城市一家新品種的啤酒問世，廠商為了促銷，就在市中心的廣場舉行喝啤酒大賽，得到冠軍的人可以獲得大筆獎金、一輛摩托車和一輩子喝不完的啤酒。

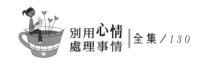

有一位壯漢在五分鐘內灌下了十一瓶鮮啤酒，奪得冠軍，廠商立即頒發獎金和獎品給這位壯漢。正當這位冠軍準備跨上摩托車耀武揚威之時，突然從座位上摔了下來。人們急忙把他送往醫院急救，經過檢查，確定為急性酒精中毒，立即展開搶救，二十四小時後壯漢才脫險。

可是，萬萬沒想到，過沒多久他又腹痛難忍，大汗淋漓，四肢發涼。醫生又對他進行全面檢查，發現是合併急性壞死性胰腺炎。雖然再次全力搶救，但因病情過重，兩天後死在急診室裡。

或許有人會說，那是因為吃了太多蝸牛、灌了太多的啤酒才會有如此下場。殊不知，就算是水，喝太多也會導致死亡。根據一項醫學報導，人在短時間內攝取過量水分，會使得腸道積聚大量水分，體內電解質濃度產生變化，被大量稀釋，新陳代謝就會受到劇烈影響，使人意識不清、昏迷，甚至死亡。

挑戰人類的極限，或許對一些人來說是一生的夢想，就算丟了生命也無所謂。但是做任何決定前，還是得衡量自身狀況，將一切控制在自己能負擔的範圍內，才能收得最好的成效。

有想法，也要有做法。制定標準時，要以「剛剛好」為原則，才能讓自己用更寬大的心胸、更廣闊的視野看待一切事物。

忘卻恐懼才最實際

 生命最難過的不是面對死亡，而是不知道要如何生活。走在生老病死的人生路上，我們真正要煩惱的是要怎麼「生活」。

自古以來，哲人們對生死大事便有許多討論。

孔子說「未知生焉知死」，有人則認為「知死然後知生」。

這兩個看似相反的認知，其實要闡明的道理相同，就是要「把握當下，好好地活著」！

這天，哲學家藍姆・達斯來探望一個罹患絕症的婦人。

只見這個婦人有氣無力地訴說著死亡的可怕：「唉，我就快死了！你還來看我，唉，人死了……」

藍姆・達斯聽見婦人滔滔不絕地訴說著死亡的可怕與病痛的煎熬，忍不住搖了搖頭。當婦人喘口氣，準備繼續說時，藍姆立即打斷：「您可不可以別花那麼多時間想像死亡？您何不把握時間，好好地活著呢？」

藍姆打斷她的話時，婦人情緒很差，但是，就在藍姆懇切地建議她，好好地活下去時，婦人忽然間也頓悟了。

她開心地說：「您說的對！這些日子以來，我一直忙著『死亡』的事，完全忘了該怎麼『活』，謝謝您！我明白了。」

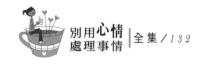
一個星期後，這個婦人安詳地走了。

臨死前，她心滿意足地對朋友說：「這個星期是我生命中最精采的時光，真要謝謝藍姆‧達斯。」

想像自己正在生死關頭，你會怎麼看待這場生命最後的拔河賽？事實上，生命最難過的不是面對死亡，而是不知道要如何生活。走在生老病死的人生路上，我們真正要煩惱的只有一項，那就是要怎麼「生活」。

死亡的可怕不是因為死，而是很多人直到臨死之前才忽然發現，自己還有太多未完的遺憾。

精力充沛時，不覺得事情的重要，每天任由生命虛度；直到面臨死亡，才驚覺原來自己有這多事情要做，原來，人生這樣短暫、珍貴。此時，最需要做的便是忘卻未來死亡的恐懼，好好把握「現在」才最實在。

就像故事中的藍姆‧達斯傳達的意思：「如果你還時間想像死亡，何不好好地活著？」

人生大事，不能衝動行事

人生路走得開不開心，我們時時都能深刻感受
到，一旦發現不對，就要即時煞車，勇敢面
對。

　　關於婚姻事，常有人自囿於年紀壓力，匆匆找個伴，婚後卻
總是聽見他們懊悔：「當初真不該這麼衝動，真該想清楚的！」

　　其實，做任何事本來就要想清楚，不能衝動行事，處世是這
樣，待人更該如此，談感情更是要謹慎小心。因為，婚姻路一旦
踏上了，就不像其他事可以輕易地隨時轉道，另闢新路了。

　　結束了近十年的婚姻，她如釋重負跑到海邊，大聲狂叫著：
「自由了！我終於自由了！」

　　將近五年的思索，她天天要求自己要冷靜客觀地剖析。在這
三十三歲的人生時刻，她忽然發現自己一直都生活在別人的陰影
中，習慣以別人的標準和意思來做事，甚少想過自己是否喜歡、
是否開心，為了符合家人朋友的看法，她不斷地委屈隱藏自己心
裡的聲音。

　　她發現，之所以會有這樣情況全是父親的關係。在這個父權
為重的家庭裡，事事都得以「父」為尊，一切都得聽父親的指令，
她和弟弟從小所有大小事情都由父親做主，決定一切，誰都沒有

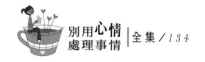

發言權。

雖然中間尚有母親安撫說情，但母親過世後，父親大男人的個性變本加厲，不僅事事干涉，甚至一不順心便會對他們又打又罵。後來，弟弟實在忍受不了離家出走，讓她獨自面對承擔這一切。

少了弟弟，女孩便成了父親唯一的希望和寄託，女孩乖乖地照著父親的盼望前進，也乖乖地完成了父親期望的每一件事。

一切事情看起來都十分順利。求學時期，她保持名列前茅，在老師們的眼中是個難得的好學生，在同學的眼中更是個聰慧非常的好女孩，特別是在大學校園裡，她更是成了不少男孩心底的夢中情人。

畢業後，在父親的安排下，她成為一位企業家的兒媳婦，也風光地冠上了總經理夫人的頭銜，這對外人們來說自是十分羨慕。表面上看來，女孩擁有了一切，日子也過得悠閒安逸，但是有個聲音卻悄悄地在她耳邊響起。

已為人妻的她，心中忽然堆起了一個又一個問號：「這就是我想要的人生嗎？鏡子裡的人是我嗎？」女人忽然對人生感到前所未有的迷惑，看似擁有一切，實則卻是一無所有。

也難怪她會有這樣的感覺，因為她的婚姻自始至終都是場交易，兩個人從未愛過彼此，不是為愛結合的兩個人，感情上始終是空白的。貴婦日漸憂鬱，笑容越來越少見，直到……

當丈夫被爆料醜聞的那一刻，婦人居然笑了，為何如此，連她自己也不知道，但是當丈夫醜聞消息曝光後，她卻一點也不生氣，反而很平靜地向丈夫提出了離婚要求。

一家人冷靜談過之後，女人很快就拿到離婚證書，二話不說離開這個生活了將近十年的家。

接下來呢？她沒有回娘家，而是在外面找了一間房子，重新

開始她的人生，她決定要好好珍惜自己的下半生：「這個自由得來不易，不管別人怎麼看，我都要勇敢做自己想做的事，也要做些能讓自己真正感到快樂的事！」

　　想必不少人都會這麼覺得，這大約是古老年代最常見的情況，只是，現代人真的不會發生嗎？

　　別說政商間的交易婚姻，就連一般為結婚而結婚的人，不也是一種顧全面子而妥協的交易嗎？更有一些因為衝動而結婚，光想著一時快樂的戀人們，不也常造成錯誤的結果？

　　有人因為在一塊久了，養成了慣性想法，卻忽略了心裡滿滿的困惑和無奈，說好聽叫負責任，但想想，這樣的結合真是給對方一個幸福交代了嗎？

　　故事中女主角的悲劇看似讓人同情，事實上一切卻是自己造成的！表面看來是個聽話的女孩，其實只是個不敢面對自己的人，人們同情她，說她是個孝順的女兒，但換個角度想，她不也是為了能符合人們心中的「孝順女兒」形象，因而事事順著人們點頭稱許的方向前進嗎？

　　不幸的婚姻從來不會是單方面的責任，該斷卻又斷不了，要斷卻又斷得不夠乾脆，究其原因，就像故事中女主角一樣，即便在談妥結婚的那一刻，她仍然不知道自己想要什麼樣的將來！

　　沒有人不能過自己想要過的生活，問題在於你是否有勇氣選擇。愛到底合不合適，我們早早就該冷靜想清楚，然後再做出最後的決定，如同人生路走得開心不開心，我們時時都能深刻感受到，一旦發現不對，就要即時煞車，勇敢面對，所以愛錯了要及早說再見，才不會被愛一傷再傷。

控制情緒，才能立於不敗之地

所謂的控制不是壓抑，

而是懂得適當地轉化自己的怒氣；

懂得支配自己情緒的人，

才能在人生中立於不敗之地。

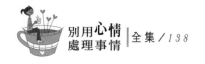
控制情緒，才能立於不敗之地

所謂的控制不是壓抑，而是懂得適當地轉化自己的怒氣；懂得支配自己情緒的人，才能在人生中立於不敗之地。

　　每個人都希望自己具備冷靜的判斷力，遇到緊急事情時，能迅速地做出正確的決定。可是，希望和現實往往存在著差距，事情發生的當下，大多數人仍然很難冷靜判斷。

　　其實，要保持冷靜只有一個方法，就是隨時隨地讓自己處於心平氣和的狀態，不要讓情緒做決定。做得到這一點，即使你意識到怒氣的存在，也能成功地自我控制情緒。

　　歐瑪爾是英國歷史上著名的劍術高手，他有一個實力相當的對手，兩個人互相挑戰了三十年，卻一直難分勝負。

　　有一次，兩個人正在決鬥的時候，歐瑪爾的對手不小心從馬上摔了下來；歐瑪爾看見機會來了，立刻拿著劍從馬上跳到對手身邊，這時只要一劍刺去，就能贏得這場比賽了。

　　歐瑪爾的對手眼看著自己就要輸了，感到非常憤怒，情急之下便朝歐瑪爾的臉上吐了一口口水。

　　這不但是為了表達自己的怒氣，也是為了要羞辱歐瑪爾。沒想到，歐瑪爾在臉上被吐了口水之後，反而停下來，對他的對手

說：「你起來，我們明天再繼續這場決鬥。」

歐瑪爾的對手面對這個突如其來的舉動，感到相當訝異，一時之間顯得有點不知所措。

歐瑪爾向這位纏鬥了三十年的對手說：「這三十年來，我一直訓練自己，讓自己不帶一絲一毫的怒氣作戰，因此，我才能在決鬥中保持冷靜，並且立於不敗之地。剛才，在你吐我口水的那一瞬間，我知道自己生氣了，要是在這個時候一劍刺向你，我一點都不會有獲得勝利的感覺。所以，我們的決鬥明天再開始吧。」

可是，這場決鬥卻再也沒有開始。因為，歐瑪爾的對手從此以後變成了他的學生，向他學習如何不帶著怒氣作戰。

生命只有以自信做基礎時，才能產生非凡的價值，才不會被負面情緒牽著走，做出讓自己懊悔不已的事情。

誰能以自信的態度掌控自己的情緒，誰就能經營自己的生命。

不管處在任何環境下，人都必須控制自己的情緒，保持著頭腦的清醒；在別人暴跳如雷的時候，依然保持著鎮定與平靜；在旁人做出愚蠢事情的時候，掌控著自己的言行，如此方能成為一個身心平衡的人。

生氣固然是人人都會有的情緒反應，但是，想成為人生戰場中的常勝軍，你就得學會好好地控制它。

所謂的控制，並不是壓抑，而是懂得適當地轉化自己的怒氣。

故事中的歐瑪爾因為懂得控制自己的情緒，最後不但少了一個敵人，也多了一個能相互砥礪的朋友。情況再怎麼不如己意，也要放下心中的怒氣。人生勝敗的關鍵往往在於情緒的掌控，懂得支配自己情緒的人，才能在人生中立於不敗之地。

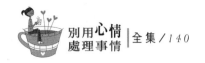

笑臉，就是成功的利器

 良好的態度，才能給人留下良好的印象，如果想在工作上有更好的成績，別忘了，笑臉就是你最好的工具。

　　威廉‧懷拉是美國人壽保險業的頂尖業務員，年薪高達百萬美元。

　　為什麼他能擁有這麼高的年收入呢？

　　有人分析說，秘訣就在於他擁有一張令顧客無法抗拒的笑臉，他的笑容能讓顧客產生信任和好感。但是，大家可能不知道，他那張迷人的笑臉並不是與生俱來，而是長期訓練出來的。

　　威廉原本是美國家喻戶曉的職業棒球選手，四十歲的時候，因為體力衰退而被迫從運動場上退休。

　　離開體壇的威廉必須重新尋找出路，於是到一家保險公司應徵推銷員。他心裡想，以他在美國的知名度，錄取應該沒有問題，卻沒想到，結果竟然是遭到對方斷然拒絕。

　　保險公司的人事經理對威廉說：「保險公司的業務員必須有一張能使顧客信賴的笑臉，雖然你的知名度很高，可是卻沒有這種特質。」

　　威廉並沒有因此而洩氣，反而下定決心，要讓自己成為一個

能使顧客產生信賴感的業務員。於是，他每天在家裡放聲大笑，他的鄰居們都以為他因為失業導致精神失常；為了避免鄰居的誤解，他只好改躲在廁所裡練習。

過了一段時間之後，威廉去見人事部經理，向他展現學習的成果，可是經理卻仍然搖搖頭說：「不行。」

威廉並不放棄，還是每天不間斷地繼續苦練。他開始收集許多公眾人物的照片，隨時揣摩他們的表情，甚至還買了一面與身體等高的大鏡子，努力地練習自己的肢體語言。

經過一段時間的練習之後，有一天，威廉在家附近散步時，正巧碰到社區的管理員，便很自然地上前談天說笑。臨走之前，管理員對他說：「懷拉先生，你看起來跟過去不太一樣喔！」

這句話使威廉的信心大增，又去找保險公司的經理。經理看了威廉的表現後，終於對他說：「你及格了。」

想要成功地推銷自己，其實並沒有想像中那麼困難，方法只有放下身段，「熱忱工作」和「關照別人」。

假使我們能對自己的生活和工作充滿熱忱，常常設身處為別人著想，處處照顧別人的利益，別人自然會給我們相同的回報。

臉上掛著真誠的微笑，會使我們身上散發出吸引別人的「魔力」，和別人相處之時，就會從先前的「相斥」變成「相吸」。

業務員是一個公司在外形象的代表，因此，要使顧客對自己的公司有良好的第一印象，就不可以忽視笑容訓練。

其實，每個行業都一樣，唯有良好的態度，才能給人留下良好的印象，如果想在工作上有更好的成績，別忘了，笑臉就是你最好的工具。

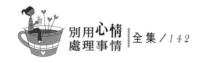

換個角度，就不會那麼痛苦

試著學習用正面的態度去看待挫折和困難，你將會發現，原來你的不如意並沒有想像中那麼多。

　　蒙哥馬利曾說：「常常有些心懷不滿的人，他們不是不滿別人的偉大，而是不滿自己的渺小。」

　　就是因為不滿自己的渺小，所以人常常不快樂。

　　看待事物的角度，往往會成為不快樂的起源。人生不如意的事十之八久，既然活在世上不能事事盡如人意，若要讓自己快樂，那就只有從調整看待事物的角度做起。

　　學會放下，才能真正活在當下，才不會用心情處理事情。

　　任何事情都有正反兩面，只要你能樂觀從正面看待事物，你就能將「不如意」轉變成「如意」，就不會動不動就活在「不如意」的狀態裡。

　　有一個樵夫正愉快地哼著歌在山上砍柴的時候，突然間聽到從不遠處傳來一聲轟隆巨響。

　　樵夫相當好奇，便急匆匆跑到巨響的來源，想要看看究竟發生了什麼事。

　　不久之後，他看到原來是一架滑翔機墜落到地面，而滑翔機

的駕駛員正好垂掛在樹枝上。

駕駛員狼狽地從樹上爬下來，看到在一旁觀看的樵夫，不禁感到尷尬，滿臉沮喪地對樵夫說：「唉，我本來想要締造一項新的飛行紀錄，沒想到，最後竟然會落得這麼狼狽。」

樵夫搖搖頭說：「其實，我並不覺得你失敗了啊！」

駕駛員覺得很奇怪，就問樵夫：「你為什麼這麼想？」

樵夫很認真地回答駕駛員：「因為，你是我看到的第一個不用從樹下爬上去，就能由樹上爬下來的人。」

駕駛員聽了更加不懂了，以為樵夫是在嘲笑他，便繼續問樵夫：「你說這話是什麼意思呢？」

樵夫笑著回答說：「你雖然沒有締造自己想要的飛行紀錄，但是不用爬樹就能從樹上下來，這不也算是一項難得的紀錄嗎？」

俄國文豪托爾斯泰曾經勉勵世人要有正確的生活態度，不要動不動就萌生負面情緒，老是跟自己嘔氣。

他是這麼說的：「生活不是辛苦的工作，而是愉快的享受。」

生活究竟是痛苦的折磨，還是愉快的享受，其實全在於我們的抉擇。

雖然，生活是艱苦的，失敗是難堪的，但是只要換個角度想，生活當中的種種經歷既是心靈的戰鬥，也是心靈的享受。

如果你的快樂不是發自內心，而是必須依賴外在的事物才能獲得，那麼，你的快樂只是海市蜃樓，一下子就會消失無蹤；唯有發自內心感到快樂，快樂才會長久。

法國文豪巴爾札克說：「人類總是愛和自己鬧對立，用自己目前的痛苦哄騙自己的希望，又用並不屬於自己的前程來欺騙目

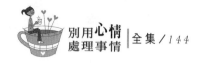
前的痛苦。」

　　正因為如此,當我們發現事實並不是自己想像的那麼美好的時候,我們才會那麼沮喪失落,才會跟自己生悶氣。

　　人要學會放下,活在當下。試著用正面的態度去看待挫折和困難,你將會發現,原來你的不如意並沒有想像中那麼多。

不受牽制，才能尊重彼此的價值

 我們經常受制於外在的事物，也很容易被自己的情緒牽制，導致各種背離人性的事情不斷地發生。

文壇大師白先勇曾說：「命運異於常人時，你只有去面對它，並接受它，若一味逃避、怨憤、自憐，都無法解決你的難題。」

人生絕大多數的困惱，都來自於偏執和妄想。我們總是沉迷於無法挽回的過去，總是幻想著不可預知的未來，既不願試著放下，也不願好好活在當下，才會讓自己的生活滿是迷茫、愁苦與怨悔。

一九三六年，英國知名作家喬治‧歐威爾偕同妻子，一同前往西班牙參加反法西斯的戰役，在這場戰役中，他一度性命垂危，所幸有驚無險，老天爺及時保住了他的性命。

返回英國後，歐威爾在《西班牙戰爭回顧》書中，提到了一段難忘的經歷，這個經驗的分享給了讀者們極大的啟發。

他在書中寫著，有一天早晨，他們沿著陣地打狙擊戰，好不容易他也等到了一個目標，那是一個光著上身，並提著褲子的敵方士兵。

這是一個殺敵的大好機會，瞧敵兵如此狼狽，歐威爾感到十

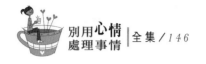
拿九穩。但是，當他準備舉槍射殺時，心中忽然有了遲疑……

那時，歐威爾的手指霎時凝固似地，竟定在板機上無法動彈，那個冒失鬼便在他的困惑中順利地走遠了。

之所以如此，是因為在歐威爾心中油然生起這樣一個聲音：「你不可以朝著一個提褲子的人開槍，因為在這個時候，他不能算是法西斯分子了，他顯然和你一樣，只是一個『人』！」

為什麼是一個「人」？看見敵兵提著褲子時，歐威爾似乎也看見了一個神聖的「生命」，在他身上，歐威爾看不見血腥殺戮。

這名敵兵的確是個幸運的傢伙，被敵人救了還不知道，只因為，他也碰上了一個「人」。換做是另一個狙擊手，他的褲子肯定永遠提不上了。

故事到此，許多讀者紛紛回應著：「這是人與士兵的區別，人的希望也在這兒。」

又有人說：「與其說是『歐威爾式』的行為模式，不如說是『人』的行為態度。」

作為「人」的歐威爾，在文章最後提到：「即使我明知該名士兵或許不久之後，會用瞄準來回報我，但是，我仍然不會改變這個舉動，也絕對不會後悔這個決定。」

這是一篇頗富生命哲思的文章，我們不妨汲取故事的精神，放入我們的現實生活中做一番對照與檢視。

如果，凡事我們都能像歐威爾一樣，用「人」的角度看待事物，也許這個社會就不會有這麼多光怪陸離，甚至是失去人性的事情發生了！

我們經常受制於外在的事物，也很容易被自己的情緒牽制。

或許，適度的受制可以精采我們的生活，但是，我們卻經常過度地被它們牽制，導致各種背離人性的事情不斷地發生，更讓本身的存在價值越來越低。

生活中最糟糕的狀況，莫過於任由情緒牽著脖子走，凡事全看心情好壞做決定。當情緒控制一個人的時候，理智就形同遭到綁架。因此，當你考慮如何解決問題時，千萬不能帶著仇視、憎恨、憤怒……等等負面情緒，否則就會淪為情緒的奴隸，做出讓自己後悔莫及的事。

瞋怒、怨恨的心情，往往會使小過變成大禍，不論當下覺得氣憤還是痛苦，都必須保持冷靜的心情，才能做出最正確的決定。

學習歐威爾，把心放在對等與尊重的平衡點上，只要我們能尊重彼此的價值與意義，那麼這個社會便會多一些包容與關懷。

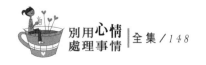
感恩，才能讓你的成就更持久

如果當初沒有他人的幫助，誰也不會有今天這
樣的成就，只有懂得飲水思源的人，才能讓自
己的成就更持久。

　　每個人在成功之前，一定都曾受過他人的幫助，因為一個人
的力量有限，很難單憑一己之力達到目標。

　　如果想要維持眼前的成功，就不能高傲，更不能忘記那些曾
經幫助過你的人，否則，你沾沾自喜的成功就會像曇花一般，短
暫而無法持久。

　　在賽馬場上，有一位騎士正騎著一匹紅色的駿馬在場上奔馳，
人和馬之間的節奏配合得天衣無縫。

　　因為兩者間完美的搭配，很快地超越了場上其他的騎士，成
為這次比賽的第一名。

　　這個捧回冠軍獎盃的騎士，得到冠軍後的第一件事，就是回
到馬廄，將辛苦的紅馬拴在馬廄裡，給牠最好的草料，並且對牠
說：「盡情地吃吧，你辛苦了！如果沒有你全力配合，我是不可
能在這次比賽中得到冠軍的。」

　　騎士的朋友們知道他得了冠軍，紛紛來向騎士道賀。其中一
人忽然間被一個東西絆倒了，低頭一看，才發現原來是一根竹竿。

　　這個人非常生氣，不悅地一腳踢開竹竿說：「這種沒用的東西，為什麼要放在馬廄裡面？」

　　騎士聽了之後，默默地撿起竹竿，很珍惜地把它放在牆角，然後對這個被絆倒的人說：「對你而言，它或許只是一根沒用的竹竿，但是對我而言，它卻是具有啟蒙意義的竹馬。小時候，因為我騎了這個竹馬，才開始立志要當賽馬騎士的，如果沒有這個竹馬，就沒有今天的我了。」

　　生命是實踐願望的過程，過程中難免會遭遇失敗與挫折，也無可避免地會得到別人的激勵與幫助。

　　成功並不是一蹴可幾的，從實際的案例中，我們可以知道，許多偉大的人物之所以能攀登生命的巔峰，開創非凡的格局，都是因為當他們陷入困境的時候，別人適時地幫他們一把。

　　接受人家的幫助很容易，但是，要記住別人給予的點點滴滴，卻不是人人都做得到的事。

　　佛教強調「感恩」，就是告訴我們，如果當初沒有他人的幫助，誰也不會有今天這樣的成就，只有懂得飲水思源的人，才能讓自己的成就更持久。

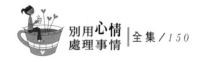
不要被自己的思考模式限制

遇到問題時，不要被問題的外表迷惑了，只要換個角度或是換個方法，也許問題就能輕易地迎刃而解。

　　大多數人遇到問題的時候，很自然地會以「常識」作為解決問題的依據。

　　所謂常識，就是生活中日積月累的一些慣性思維，慣性思維的存在是有意義的，以此作為解決的方法也無可厚非。

　　可是，人往往也會因為過於依賴常識，而被常識限制住思考空間，失去了隨機應變的能力。

　　腦筋僵化的人，一遇到突發事件或受到重大破壞力量時，便會驚惶失措，不知如何是好，這樣的人自然不足以讓人交付重大任務。

　　當別人束手無策時，知道應該怎樣辦的人，在別人陷入混亂時仍保持鎮靜的人，當重大責任加諸身上，面臨重大壓力也不會慌亂失措的人，才會到處受人歡迎，受人重視、肯定。

　　在古希臘的神話中，有一則「戈迪阿斯之結」的故事。

　　宙斯神殿裡，供奉著偉大的戈迪阿斯王的牛車，每個來到宙斯神殿的外地人，都會前去參觀。

這部牛車上有戈迪阿斯王將牛軛繫在車轅上的繩結，每個人看到這個繩結，都會驚嘆戈迪阿斯王無以倫比的技巧。

「只有真正的天才才能打出這樣的結來。」每個看過的人都這麼說道。

但是，神殿裡的祭司卻回答：「能解開這個結的人，才更了不起。」

「為什麼？」參拜的人問祭司。

祭司回答：「因為能解開這個結的人，就會成為世界之王。」

從此以後，每年都有很多人來神廟試著解開這個結，可是因為看不到繩結的源頭，每個人都不知道要從哪裡著手。

如此經過了幾百年，神殿裡來了一位叫亞歷山大的年輕國王，當時他不但征服了整個希臘，還曾經率兵打敗了波斯國王。

亞歷山大仔細地看了看這個繩結，和所有人一樣找不到繩結。於是，他笑了笑，順手舉起佩劍一砍，霎時繩子斷了，繩結也因此解開了。

亞歷山大看著被他斬斷的繩子，驕傲地說道：「我就是世界之王。」

俄國文豪高爾基在他的代表作《人間》裡寫道：「生命的意義在於創造和改變；如果人僅僅是動物，而無法努力改變自己，為自己創造奇蹟，那麼，他的內心深處就不可能和諧，而會淪為一個虛偽的人。」

真正成就非凡的成功者，經常是那些勇於打破慣性思維的人，就像這則軼事中的亞歷山大大帝一樣。

也許你沒有顯赫的家世背景，沒有令人羨慕的耀眼學歷，但

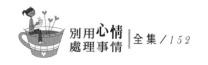
是，只要你願意挑戰世俗的成見，願意不斷超越自己的思考模式，將每一個挫折都當作成功的起點，照樣會有輝煌的成就。

故事中所有想要解開繩子的人，都被習慣性的思考模式限制住了，總是想找尋繩結的源頭，想順著脈絡解開，最後當然無功而返。只有亞歷山大能夠跳脫這種慣性思維的束縛，因此當之無愧地成爲世界之王。

現實生活也是如此，遇到問題時，不要被問題的外表迷惑了，先讓自己保持冷靜，只要換個角度或是換個方法，也許問題就能輕易地迎刃而解。

為自己打氣，才能發揮實力

在增進專業能力的同時，別忘了隨時給自己信
心，兩者一併提昇，才能得到最好的成績。

現代社會中，工作的種類劃分越來越清楚，時代的趨勢也逐
漸由「通才化」轉變成「專業化」，如何加強自己的專業知識和
技能，無疑成為每個上班族必須面對的課題。

然而，在加強專業知識和技能的過程中，很多人難免會對自
己的能力產生懷疑，甚至遭遇失敗挫折，這時，適時地為自己打
氣，就比只顧著增加自己的專業能力還要重要得多了。

日本的戰國時代，有一個茶道專家很喜歡裝扮成武士。

有一天，這個專家一時興起，便穿著武士的服飾，帶著佩刀
上街，沒想到，在街上卻碰到了一個真正的武士。

茶道專家看到真正的武士走來，心虛得連忙低下頭，快速地
從武士身旁走過。

武士看到專家驚慌的樣子，心想他一定是假冒武士，才會這
麼驚惶，於是就對專家說：「別走，我要和你決鬥。」

專家心想，要是跟真正的武士比武，一定會死在武士的刀下，
但是自己好歹也是一個有名的茶道專家，絕不能死得太難看。於

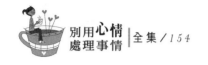
是，專家便使出緩兵之計，對武士說：「我有一件很重要的事要去辦，等辦完了這件事，我再來跟你決鬥。」

武士答應了專家的要求，這位茶道專家連忙找了一家著名的劍術道館，跟裡面的劍道師父說：「請您教我死得最漂亮的姿勢吧！我等一下要跟真正的武士決鬥，但我是一個茶道專家，根本不會劍術，一定會被殺死的，我希望至少能死得像個一流的茶道專家。」

劍道師父聽完專家的話，不疾不徐地對他說：「我可以教你，可是，你要先泡一壺茶給我喝。」

專家心想，這可能是他這輩子最後一次泡茶了，於是用了畢生所學，泡一壺茶給劍道師父喝。

師父喝了之後非常感動，直說這是他這一生喝過最好喝的茶。

這時，劍道師父告訴專家說：「你去決鬥的時候，維持你泡茶的樣子就可以了，這是你最優美的姿勢。」

專家聽了劍道師父的建議之後，面對武士時便不再心虛，並且將本身的尊嚴全部激發出來。武士看到專家的氣勢大為震懾，立即要求專家中止兩人的決鬥。

人生最大的困境，其實就在於我們不懂得在處理事情之前，先處理自己的心情。成功的人，往往懂得控制自己的心境，失敗的人則容易困在情緒的框框裡作繭自縛。

面對不如己意的事情，一定要記得先處理好自己的心情，這將決定你最後是化阻力為助力，舉步向前邁進，抑或就此敗在惡劣的心情之下。

人生難免會有不順遂的時候，灰心難過也在所難免，但是，

千萬不要讓自己的內心佈滿愁雲慘霧，也不要用幻想麻痺自己，試圖逃避現實，而要激勵自己充滿信心迎向前去。

　　古羅馬思想家西塞羅曾經寫道：「只有了解信心是生命真諦的人，才可以使短促的生命延長。」

　　故事中的專家因為對自己的專業產生了信心，所以才能不戰而屈人之兵，以本身的自信懾退對手。

　　在工作上也是一樣，除了擁有專業能力之外，一定還要加上對自己的信心，才能發揮出所有的實力。

　　因此，在增進專業能力的同時，別忘了隨時給自己信心，兩者一併提昇，才能得到最好的成績。

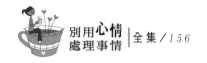
與其抱怨，不如試著改變

如果你對現在的生活不滿意，那麼不妨鼓起勇氣，挑戰一下未知吧！說不定，更美好的生活就會出現在你面前。

　　無論任何動物，只要滿足於現狀，就很難再超越目前的生活環境，長久下來，甚至會面臨絕種的危機。

　　其實，不只是動物，人類也是如此，達爾文著名的《演化論》中「物競天擇，適者生存」的觀念，便很清楚地解釋了這個現象。

　　因此，我們必須時時提醒自己，停頓便等於落後，只有勇於嘗試，才能開創更好的生活。

　　法國科學家約翰·法伯曾經做了一個著名的「毛毛蟲實驗」。

　　這位科學家選擇的毛毛蟲，具有跟隨的習性，總是會盲目跟著前面的毛毛蟲走，不會隨意脫離隊伍。

　　進行這個實驗時，法伯先把幾隻毛毛蟲放在花盆的邊緣，讓毛毛蟲們排列好，在花盆的邊緣圍成一圈，然後在離花盆不遠的地方，撒一些毛毛蟲喜歡吃的松針做為誘餌。

　　只要領隊的毛毛蟲開始移動，所有的毛毛蟲便一個接著一個地跟著後面爬。

　　爬了一圈又一圈，一個小時過去了，兩個小時過去了，接著

一天過去了，這些毛毛蟲們還是不停地圍著花盆打轉，沒有一隻脫離隊伍，往不遠處的食物前進。

一連走了好幾天，這些毛毛蟲們終於因為飢餓和精疲力盡，接二連三的陣亡了。

其實，只要其中任何一隻肯轉換方向，嘗試新的途徑，就不會因為盲從而無知地死去了。

人不應該使自己淪為追隨別人的奴隸，也不應該被盲目的慣性動作牽著走，任由自己的人生被外在事物支配。

無論在現實生活中遭遇到什麼不順心的事情，都要保持冷靜的頭腦，想辦法把自己從逆境中拯救出來。

絕大多數的成功人士，並不見得比一般人更聰明，他們之所以成功，有時只是擁有敢於向未知挑戰的勇氣而已。

所以，如果你對現在的生活不滿意，老是抱怨自己懷才不遇，那麼不妨鼓起勇氣，挑戰一下未知吧！

說不定，當你跨出原有的圈圈時，更美好的生活就會出現在你面前。

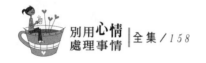

掌握效率,才能贏得先機

在這個「時間就是金錢」的時代,只要你擁有比他人更多的智慧,就能比他人擁有更多成功的機會。

每個人都知道,在市場上,哪家公司先推出新的產品,那麼這家公司的產品就能獲得比較高的市場佔有率。

所以,若不想成為市場中的「跟隨者」,「掌握先機」便成了最關鍵的致勝原因。至於掌握先機的首要條件,就是必須先掌握效率。

在德國,多數農民都以馬鈴薯作為他們的主要農作物。

但是,當馬鈴薯收成的時候,有一件事情是最令農民傷腦筋的,那就是農民必須將馬鈴薯依形狀的大小,分成大、中、小三類,經過分類挑選的馬鈴薯,才能賣到比較好的價錢。

要將馬鈴薯分類卻不是一件容易的事,是一件很花時間,也很費人力的大工程。

每到了馬鈴薯收成的季節,農民不但要出動家中全部的人手幫忙,而且往往還要忙上好幾天,才能把所有的馬鈴薯分類完畢。接著,才能把馬鈴薯裝上卡車,運到城市去販賣。

但是,有一位名叫漢斯的農民,卻從來不需耗費那麼多時間

和精神，而且還能比其他人更早拿到市場上販賣。

　　村民們都很好奇：為什麼漢斯的馬鈴薯從來不花時間分類，依然能賣到好價錢呢？

　　村民們問過漢斯很多次，可是他總是笑而不答。後來，村民們偷偷地跟蹤漢斯，才發現原來他把所有的馬鈴薯裝進麻袋後，直接丟上卡車，然後再選擇顛簸不平的山路走。

　　等到運到城裡的時候，馬鈴薯因為沿途山路顛簸搖晃，小的自然而然就會落在麻袋下面，大的就留在上面了。漢斯因為減少了分類的時間，所以才能在第一時間將馬鈴薯送到城裡，賣到好價錢。

　　激勵大師安東尼‧羅賓提醒我們：「不管我們計劃要做什麼事，事前的觀察與反覆推敲相當重要。尤其與自己密切相關的事，更應該費心摸清楚，如此才可能做得更有效率。」

　　因為有效率，所以當其他人在做一件事的時候，你卻可以同時完成兩件，甚至三件事；如此一來，你擁有的時間當然就比其他人還要多了。

　　在這個「時間就是金錢」的時代，除了比付出、比努力之外，更重要的是比智慧、比腦力。只要你擁有比他人更多的智慧，就能比他人擁有更多成功的機會。

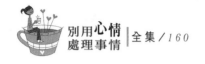
找出專屬的自我激勵法

除了擁有向上的心之外，尋找能夠讓自己向上的方法更是重要，如果兩者可以相輔相成的話，那麼成功其實就已經近在咫尺了。

對於生活的方式，每個人都有一套自己的看法，而且每個人的看法各異，所以督促自己上進的方式也就有所不同。

其實，只要能找到適合的方式來鼓勵自己，那麼不但可以避免半途而廢的行為出現，達成目標的時間也可能因此縮短許多。

經過夏桀長年的暴政之後，商湯終於推翻了夏朝，建立了商朝。商湯登基之後，首先，便從全國徵選出一位最好的雕刻工匠，並且對他說：「我請你到這裡來，是為了幫我刻字。你先到我的寢宮去刻，然後再到我處理政事的宮中去刻。」

工匠聽完，便問商湯說：「請問陛下，您為什麼要刻字呢？」

商湯回答：「夏桀王朝就是因為不思進取，只知道享樂，所以才會造成滅亡的結果。我現在身為一國之君，不能重蹈夏桀的覆轍，所以才要在宮殿裡面刻字，隨時提醒自己要有所作為，愛護百姓。」

工匠很恭敬地繼續問道：「那麼，請問陛下您想要刻些什麼字呢？」

商湯說：「你在我吃飯的地方，幫我刻上『珍惜糧食』，提醒我不要浪費；在我處理政事的地方刻上『日日勤政』，使我不敢怠惰於政事；在我休息的寢宮中刻上『日日新』，好讓這些話激勵我珍惜每一天，讓我不會荒廢時間在無意義的玩樂上。」

屠格涅夫曾經寫道：「一般情況下，如果一個人的目的地達到之後，他的熱情就會逐漸冷卻下去。」

其實，這些目的達到就讓自己熱情冷卻的人，主要原因出在他們沒有繼續超越自己的雄心壯志，不再像從前那樣激勵自己，導致人生缺乏偉大的動力，也就不可能會再有什麼傑出成就。

商湯以刻字的方式提醒自己做一個聖明的君主，正因為他找到了適合自己的激勵方法，所以創造了商朝的繁榮盛世。

除了擁有積極向上的心理之外，尋找能夠讓自己向上的方法更是重要，如果兩者可以相輔相成的話，那麼成功其實就已經近在咫尺了。

PART7

痛苦，是因為不滿足

生活中的快樂不是建立在物質的基礎上的。

所以千萬記住，

別讓你的慾望成為流浪漢的帽子了。

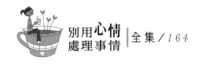
改變心境，才可能改變人生

只有改變心境，才可能改變你的人生。所以，如果你想要改變自己某些不好的習慣，就必須發自內心的想要改變。

俗話說：「江山易改，本性難移」，足見一個人想要改變自己的本性，是一件很不容易的事。不過，改變自己雖然不是那麼容易，可是卻不能以此做為拒絕改變的藉口。

因為，這句話的意思不只是提醒你改變的困難，另一個更重要的意義是告訴你：真正的改變，是要從自己的內心做起，如果不從內心湧起想要改變自己的意願，那麼改變是不會成功的。

有一個人脾氣很暴躁，常常因此得罪別人而懊惱不已，一直想將這暴躁的壞脾氣改掉。後來，他決定好好修行，改變自己的脾氣，於是花了許多錢，蓋了一座廟宇，並且特地找人在廟門口，寫上「百忍寺」三個大字。

這個人為了顯示自己修行的誠心，每天都站在廟門口，一一向前來參拜的香客說明自己改過向善的心意。香客們聽了他的說明，都十分敬佩他用心良苦，也紛紛稱讚他改變自己的決心。

這一天早上，他一如往常站在廟門口，向香客們解釋他建造百忍寺的意義，其中一位年紀大的香客因為不認識字，而向這個

修行者詢問牌匾上到底是寫些什麼。

　　修行者回答香客說：「牌匾上寫的三個字是百忍寺。」

　　香客沒聽清楚，於是再問了一次。這次，修行者的口氣開始有些不耐煩：「上面寫的是百忍寺。」

　　等到香客問第三次時，修行者已經按捺不住，很生氣地回答：「你是聾子啊？跟你說上面寫的是百忍寺，你難道聽不懂嗎？」

　　香客聽了，笑著對修行者說：「你才不過說了三遍就忍受不了，還建什麼百忍寺呢？」

　　很多人都知道改變的重要，也經常提醒自己放下以自我為中心的偏執與妄想，但所謂的「改變」，最後卻和這則故事一樣，淪為自欺欺人的口號。

　　器量狹小的人暴躁易怒又缺乏遠見，凡事以自我為中心，只知拘泥於形式上的虛榮，試圖以此爭取別人的認同。

　　我們應該提醒自己時時保持心境的平靜，不要讓急躁易怒的習性左右自己，唯有如此，才能真正改變自己，讓自己受益無窮。

　　安禪何必須山水，滅卻心頭火自涼。

　　生活就是心靈的修煉場，我們所做的每一件事都是修行；想要改變自己，應當從改變心境做起，而不是築造虛華的水月道場。

　　只有真正想要改變心境，才可能改變你的人生。

　　像故事中的修行者，即使花了一大筆錢建造寺廟，也只是做做表面功夫而已，並沒有改變他暴躁的脾氣。

　　如果你想要改變自己某些不好的習慣，就必須發自內心地改變，否則，只會淪為自欺欺人的笑話。

　　若是只注重表面的妝點，那沒過多久一定會故態復萌。

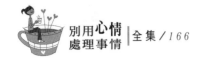
發洩情緒無法解決問題

要解決問題，只有將爭吵轉化成良性的溝通，當彼此心平氣和了解問題的癥結所在之後，問題自然就可以圓滿解決。

很多人會將爭吵誤認爲是溝通的一種方式，但是，其實兩者是完全不同的：因爲，溝通是爲了更增進人與人之間的了解，至於爭吵不但只會讓人和人之間疏遠，甚至還會破壞彼此間的感情。

造成傷害，並不是溝通原本的用意。

王太太的婚姻非常幸福美滿，朋友們都很想知道她到底有什麼秘訣。

面對朋友的詢問，王太太笑著說：「其實也沒什麼，夫妻之間有爭吵是在所難免的，只要記住不要口出惡言，也不要太過情緒化就行了。」

王太太接著說，她的先生以前常常晚歸，這一點讓她很不高興，兩人曾經因爲這件事吵了很多次架，她一直誤以爲，夫妻之間的爭吵也是一種溝通的方式。沒想到，她先生不但沒有因此改變，甚至還變本加厲地晚歸；她們夫妻之間的關係，也因爲常常吵架的緣故，鬧到要離婚的地步。

後來，她發現吵架其實不等於溝通，因爲她們的爭吵到最後，

竟然演變成情緒的發洩，引發爭吵的原因反而模糊了。

於是，她決定冷靜下來好好思考。

冷靜下來後，她了解到自己不喜歡先生晚歸的理由，是因為擔心他的身體，既然如此，常常吵架對他的身體也不好啊。

想到這一點，她就決定改變方式，不再用激烈的方式表達自己的不滿，而改用溫和的態度陳述自己的意見。

她先生看到她的改變，也跟著改變了態度。王太太說：「現在，就算我們兩人有意見不同的地方，也能以理性的方式溝通，不會像以前一樣，動不動就爭吵。如此一來，夫妻之間的感情就自然會變好。」

蘇格拉底曾說：「想左右天下的人，必須先左右自己。」

聰明的人不會動輒因為小事和別人發生爭執，也不會因為對方表現不如己意就暗自生悶氣；他們會控制自己的情緒，輕鬆地和對方溝通。

不論是朋友、家人或是夫妻，都會有爭吵的時候，可是，爭吵只是情緒的宣洩，不但不能解決問題，反而會進一步衍生出新的問題。

要解決問題，只有將爭吵轉化成良性的溝通，當彼此心平氣和地了解問題的癥結所在之後，問題自然就可以圓滿解決了。

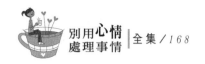
學會放下，活在當下

聖嚴法師曾說過一段話：「當我們面對人生難題時，必須告訴自己去接受它、面對它、處理它，然後放下它。」

作家泰迪曾經這麼說：「過去一直去，未來一直來，你能把握的只有現在這一個剎那。」

我們經常提醒自己把握現在，但卻在不自覺之中讓自己活在過去和未來，因為「過去」和「未來」是我們不想面對現實的最佳「避風港」。

殊不知，只要學會放下過去和未來，我們就能坦然地面對不敢面對的現實，讓自己確確實實地活在當下。

你的想法，決定了你是否快樂。快樂的人並不是沒有憂愁煩惱，而是他們懂得放下，活在當下，即使遇到憂愁煩惱，仍然能保持快樂的心境。

一位精神科醫生有多年的臨床經驗，退休以後，結合畢生經驗撰寫出一本專門醫治心理疾病的書。

這本書中足足有一千多頁，對各種病情的描述和治療方法都極其詳盡，可說是一本心理疾病方面的百科全書。

一次，這位精神科醫師受邀到一所大學演講，演講會上，他

　　拿出了這一本厚厚的著作說：「這本書有一千多頁，裡面有治療方法三千多種，藥物一千多樣，但概括而言，裡頭所有的內容其實只有四個字。」

　　說完，他在黑板上寫下了「如果，下次」四個字。

　　醫生說，造成自己精神消耗和折磨的無非是「如果」這兩個字，「如果我考不上大學」、「如果我沒有放棄她」、「如果我當年能多努力一點」……，人們總是想著「如果」，所以痛苦。

　　醫生接著說，醫治精神疾病的方法有數千種，但最終的辦法只有一種，就是把「如果」改成「下次」。「下次我有機會再去進修」、「下次我不會放棄所愛的人」、「下次我會多努力一點」……，把消極的想法變為積極的心態，天下沒有治不好的心理病。

　　錢鍾書在《圍城》一書中曾提過一個十分有趣的故事。

　　他說，天下有兩種人，一種人是在一串葡萄到手後挑最好的部分先吃，另一種人則把最好的留在最後吃。但這兩種人都不會覺得快樂，先吃好葡萄的人認為剩下來的葡萄，每一顆都越來越差。另外一種人則認為他現在吃的每一顆都是不好的葡萄中最壞的那一顆。

　　錢鍾書解釋說，因為第一種人只有回憶，常用以前的東西來衡量現在，所以他們不快樂；第二種人剛好相反，總是用未來的東西衡量現在，所以同樣感到不快樂。

　　為什麼不這樣想呢？我已經吃到了最好的葡萄，就算接下來的葡萄沒有從前好，又有什麼好後悔的？我留下的葡萄和以前相比，都是最棒的，未來只會比現在更好，為什麼要不開心呢？

　　人總是用過去、未來，和現在做比較，有了「比較」的心理，

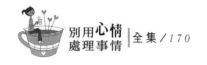
人就不會有快樂。因為眼前之物雖好，但還有更好的，人比人的結果只是氣死人。

有了「條件」的拘束，就不會有快樂。因為這個條件實現了，還會有下一個條件，太多的條件正是我們不快樂的原因。

聖嚴法師曾說過一段話：「當我們面對人生難題時，必須告訴自己去接受它、面對它、處理它，然後放下它。」

當我們面對不敢面對的問題，通常都會幫自己找一堆藉口加以逃避，但是逃避根本無法解決問題。

如果你想真正解決問題，就必須像聖嚴法師所說的，接受它、面對它、處理它，最後放下它，如此，才能真正活在當下，面對自己人生的每一刻。

單純的態度讓人人都幸福

能活在世上就是一件美好的事。少一點「用心」，多一點快樂，想要有幸福的人生，只要有一顆單純的心就能做到。

在喜憨兒的臉上，我們永遠看到愉快的笑容，即使外界質疑相關機構給予他們的薪水過低，是一種剝削的惡劣行為，但是對他們而言，身為一個「有用」的人，就是一件快樂的事。然而，他們可能從來不知道，他們憨直的笑容也是許多人快樂的來源。

反觀那些智力正常發育的孩子們，卻缺少了這種無憂快樂的童年，成為所謂的「問題兒童」。

這些「問題兒童」不一定來自貧苦家庭，其中有許多是出自生活富足、衣食無缺的中上階層。但是，不論是貧苦的「問題兒童」，還是富裕的「問題兒童」，在他們的心中都有著相同的感受——家中缺乏溫暖。

因為現代社會中龐大的生活壓力，使得許多父母忙得沒有心力和時間去親近、關愛孩子，而造就了許多憂愁的年輕臉龐。

一九二三年的多天，在戴高樂擔任法國陸軍的少校營長時，第三個孩子出生了，但是，當時傳來的卻不是希望和歡樂的消息，而是一種無言的痛苦，因為新生的女兒安娜是個先天缺陷的低能

兒。

　　望著這個不幸的孩子，戴高樂夫婦既悲傷又歉疚，從此他們在安娜身上傾注了加倍的關愛，要讓她感受到人間的溫暖。在兵營裡，戴高樂是不苟言笑、冷峻嚴肅的指揮官，但是回到家，一看見安娜單純的笑容，他就會忘掉自己刻意保持的嚴峻，像個孩子般唱歌、跳舞就爲了逗安娜開心。

　　也因爲夫婦倆抱持著共同的心願——傾盡全力照顧安娜，也讓兩人的感情更加親密。他們小心翼翼地保護著安娜，就怕自己在安娜之前離開人世，使她無所依靠。

　　也由於安娜的殘疾，他們更加同情受疾病折磨的孩子，總是在忙碌之中抽空關懷他們。

　　一九四六年，戴高樂辭去了職務，開始著手寫回憶錄。在夫婦倆商量下，決定把回憶錄的大部分版稅作爲殘疾兒童基金，基金會以安娜爲名。他們還以基金會的名義設立兒童保育院，戴高樂夫婦感到十分寬慰，他們再也不用擔心自己死後沒有人可以照顧安娜，可以了無牽掛了。

　　兩年後，安娜因爲肺炎離世，她的遺體安葬在寧靜的科隆貝教堂村。戴高樂握著他妻子的手在她的墓前傷心落淚，默哀了一陣以後，喃喃說道：「現在，她跟別人一樣了……」

　　戴高樂逝世後，人們依據他生前的願望，將墓地簡單地設在安娜的墓旁。從此，這位慈父日日夜夜守護著他的愛女。

　　如果家中有個「與眾不同」的孩子，通常會增加一對淚流滿面的父母，感嘆老天爲何要給孩子和自己這樣的折磨。

　　的確，面對這樣的孩子，必須花費更多的心力來照顧。

　　但是，他們不見得就是「包袱」。只要過適當地引導，他們也有照顧自己生活起居的基本能力。而且，他們天生單純並且不受到世俗的影響，他們沒有心機、與世無爭，長保同樣的笑容，這不也是一種幸福嗎？

　　就如同工作時必須背負著沉重壓力的戴高樂，安娜的單純反而是他的快樂來源。面對女兒，他可以完全放鬆、真心相對。

　　人們都喜歡親近開朗、有溫度的笑臉。就像沐浴在和煦的陽光裡，可以讓人忘卻一整天的疲憊以及生活的煩惱。其實，如果能夠卸下臉上嚴苛的面具，換上一張笑容滿面的臉蛋，就能愉快過日子。

　　身為一個人，能活在世上就是一件美好的事。每天將愉快寫在臉上，少一點「用心」，多一點快樂，想要有幸福的人生，只要有一顆單純的心就能做到。

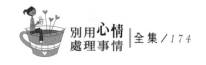
對自己誠實就不會被騙

是被騙，還是自欺，其實兩者之間的差異並不大，如果不是我們心中有了隱藏缺點的自欺，也不會被人們看見心中的弱點。

中國有句「利令智昏」的成語，意指我們的心被慾望佔滿時，不僅會喪失自己本該堅守的尺度，還會因為慾望的蒙蔽，失去了理性的判斷能力。

如果你不欺騙自己，就沒人能欺騙你。

走出人生泥淖的最好方法，就是「學會放下，活在當下」。

學會放下，你的內心就不會有過多煩惱與怨懟；活在當下，你的腦海就不會堆滿不切實際的妄想。

埃及的迪拉瑪被稱為一座魔鬼城，從比東法老到蘭塞法老的六百年間，只要走進小城的外地人全都被騙過。

史書記載，第一個來到這兒的是位阿拉伯商人，原本想來這裡買些銀器回去販賣，結果卻被一個帶路的小孩子騙走了腳上的皮靴。

還有一個來自大馬士革的旅行者，計劃到帝王谷尋寶，沒想到進城不到十五分鐘，就被一個吉普賽人將身上的財物騙個精光。

甚至有位印度巫師，也無法逃過被騙的厄運，身上唯一的銅

蛇管，也莫名其妙地被一名啞巴騙走。

對於這座魔鬼城也有著許多傳說。

有人說，迪拉瑪是上帝的獅子、水牛和天狼三顆星，在地球上投射點的中心，因為地理位置特殊，只要是外地人一走進這座城市便會頭昏腦轉。

此外，還有人說，埃及法老圖坦卡蒙曾經對此地下了咒語，為了避免外地人擾亂法老的安寧，他在入口處下了「讓你破財」的詛咒，仁慈地提醒人們別再靠近帝王谷。

不過，這些傳說卻讓一位希臘哲學家破解。他在城裡住了一年，不僅頭腦相當清晰，而且隨身攜帶的東西一件也沒有少過。

這個消息後來傳到一位羅馬商人耳中。商人連忙四處找尋這位希臘哲學家，心想：「他一定知道破解法老咒語的辦法！」

但是，當羅馬商人找到哲學家的蹤跡時，卻已是一堆枯骨，原來哲學家早在五年前就已去世了。

不過，哲學家的門生告訴他：「老師在臨終前，曾在摩西神廟的石壁上留下了一句話，那句話是他從埃及回來後寫上去的。」

於是，商人連忙來到神廟，仔細地凝視著石壁上的哲言：「當你對自己誠實的時候，世界上就沒人能欺騙得了你。」

在羅馬羊皮書裡寫著一句話：「一個人的智慧能制約另一個人的智慧！」

是被騙，還是自欺，其實兩者之間的差異並不大，因為，如果不是我們心中有了自我欺騙的念頭，也不會被人們看見心中的弱點。

「你能對自己誠實，那麼就沒有人欺騙得了你了！」

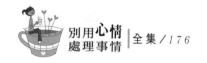
　　活在這個自滿於高科技的世代裡，不妨偶爾拿出塵封已久的前人哲思細心品讀，或許從前人的簡單領悟中，我們更能明白每件事的因果關係。

　　我們在發出抱怨和斥責聲時，不妨先自我省思，那麼就能清楚看見，真正下「詛咒」的人不是別人，而是我們自己。

珍惜現在，未來才不會後悔

既然過去已經無法挽回，未來又是不可預知，只有現在是你可以掌握的，那麼你只有珍惜現在，未來才不會後悔。

有一個人活在徬徨迷惘之中，於是前去找一位知名禪師尋求未來指引：「大師，您是一位得道的高僧。能不能請您能告訴我，我的將來會怎樣？」

禪師看了他一眼，淡淡地回答一句：「你將來一定會死。」

這段對話看起來雖然很可笑，但是，無可否認的，死亡卻是人人最後都必須面對的一個事實。

有許多人終其一生只顧著爭名奪利，卻忘記了不管自己怎麼汲汲營營，將來總有一天會在這世上消失。

等到生命走到了盡頭，才開始驚覺到原來自己還有那麼多重要的事沒有經歷，可惜為時已晚。

某個企業大老闆到醫院去做健康檢查，過了幾天，醫生告訴他，他得了癌症，只剩下三個月的生命。

他聽完醫生的診斷之後，整個人彷彿掉入了無底深淵一般，隨即推掉了一切應酬，待在家裡陪伴家人，這才發覺原來家是這麼溫暖，為什麼他以前都沒有感覺到？

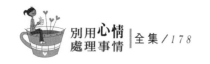
從此以後，他不再只專注在事業上，他看到原來世界真的很美，很廣闊，後悔自己以前從來沒有用心生活過！

於是，他決定好好運用僅剩的三個月，讓它成爲自己生命中最美好、最充實的時光。

三個月過去了，他接到醫院通知，才知道他根本就沒有得到癌症，而是報告出了錯誤。

這個大老闆聽了非常生氣，氣沖沖跑去醫院質問醫生：「你爲什麼騙我，說我只能活三個月？」

醫生不斷向他道歉，可是大老闆仍然不能諒解。最後，醫生無可奈何地說：「我很抱歉，因爲檢查的錯誤造成你的困擾，讓你以爲自己只能活三個月。可是我請問你，你又如何保證自己還能活多久呢？」

確實，處在這個混亂又天災地變不斷的時代，誰也無法保證自己可以活多久，唯一能做的便是：珍惜現在，不讓自己後悔。

法國作家莫泊桑在《橄欖田》裡寫道：「人生森林裡的迷人歧路，原是由人類的本能和嗜好，以及慾望所造成的。」

如果你不想成爲人生旅程中的歧路亡羊，那麼就有必要提醒自己不要太急躁，不要太急功近利。

當生命如輕柔滑順的樂章，自然會使人們覺得歡欣。但是，真正有價值的人，卻是在逆境中還能保持微笑的人。

一個能夠在行事不順時還帶著笑生活的人，要比那些處於困境時便瀕臨崩潰的人還懂得生命的價值和意義。

當一切事情都與自己的心願相違，還能保持平常心面對的人，其實就已經具備了非凡的特質，因爲，這不是一般人所能做到的。

許多人無法活出生命的價值和熱情，原因往往在於他們只注重物質生活，忽略了精神層次的美好，遭遇失敗之後就成了沮喪情緒的俘虜。

禪宗強調：「生命只在呼吸間。」

因為生命是有限的，所以才能顯示出它的珍貴。

生命的長度和深度都由自己決定。

沒有人能告訴你該怎麼運用你的生命，只能告訴你：學會放下，活在當下。

既然過去已經無法挽回，未來又是不可預知，只有現在是你可以掌握的，那麼，你只有珍惜現在，未來才不會後悔。

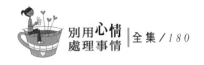
痛苦，是因為不滿足

 生活中的快樂不是建立在物質的基礎上的。所以千萬記住，別讓你的慾望成為流浪漢的帽子了。

許多人費盡心機追求身外之物，想要讓自己過得幸福快樂，但是到最後卻總是得不到快樂和幸福。

這是因為這些人不懂得知足，一味地以為擁有的金錢、權力越多或地位越高就會快樂。殊不知，即使他們擁有了這些東西，也會因為不懂得知足，而使原本到手的東西丟失，結果卻還是落得一場空。

傳說某個深山部落附近有座寶山，山上有一個神奇的山洞，山洞裡面的寶藏多到讓人終生享用不盡。但是，這個寶山的山洞一百年才會打開一次，而且每次只打開十五分鐘。

雖然很多人都知道這個傳說，可是卻沒有人確實知道這個山洞在哪裡，以及山洞開啟的正確時間。

這一天，有一個四處流浪的流浪漢無意間經過這座寶山，很湊巧，經過的時候，正好是百年難得一見的山洞開啟的日子。

這個流浪漢在山洞外面看到裡頭數不清的金銀珠寶，眼睛都直了！他非常興奮地跑進山洞，將看到的金銀珠寶拼命裝滿身上

所有的袋子。

　　由於山洞的門隨時會關上，所以他的動作非常迅速。當他身上所有的袋子全都裝滿了珠寶，再也沒有多餘的空間，這才依依不捨地走出山洞。

　　沒想到出來之後，才發現自己太過於興奮，把帽子遺忘在山洞裡了。於是這個流浪漢趕緊將裝滿金銀珠寶的袋子留在外面，快速衝進去洞裡拿帽子。

　　可惜，他剛進入山洞之後，山洞關閉的時間就到了，他永遠被關在山洞裡，再也出不來了。

　　後來，幾個住在附近的居民經過山洞，發現流浪漢留在外面的寶藏，認為是上天賜給他們的，就全部帶回村莊，和所有的村民一起分享這些天上掉下來的財富。

　　古羅馬作家小塞涅卡曾經說過：「如果一個人不知道他要駛向哪個碼頭，那麼任何風向都不會是順風。」

　　相同的道理，如果一個人不知道自己的真正目標，那麼，不論如何鑽營，都無法找到自己想要的，當然也無法享受生活。

　　現代人事事講求效益，但是卻往往流於銖錙必較，把時間精力消耗無關緊要的芝麻細事上，還為了這種行為沾沾自喜。

　　現代人之所以會形成這種本末倒置的錯誤觀念，根本的原因就像故事中的流浪漢一樣貪得無厭，只要看得到的東西都想抓住。

　　生活中的快樂並不是建立在物質上的獲得，遺憾的是，我們的痛苦卻往往來自物質慾望的不滿足。

　　故事中的流浪漢在山洞裡拿到的金銀珠寶，足夠他買千千萬萬頂相同的帽子，但是，他並沒有意識到這一點，仍然執意要回

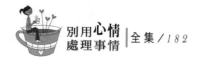
去拿他的帽子。太貪心的結果，是失去原本到手的財富，而且被
困在暗無天日的山洞裡。

這個流浪漢很笨，但是，你真的比他聰明嗎？

記住，該放下的時候就放下，千萬別讓你的慾望成為流浪漢
的帽子了。

別人禮遇的，只是你的頭銜

沒有永遠存在的權力，與其緊抓著頭銜不放，
倒不如好好地修養自己；如此一來，你能得到
的，會遠比頭銜給你的還要多。

　　現實生活中，有很多人因為自己的頭銜很高，就因此而目中
無人，以為每個人對他的禮遇和尊重是理所當然的，可是一旦卸
下了這個頭銜，以往的尊重和禮遇就全都不見了。

　　這時，他們才落寞地發覺，別人真正尊重的，其實只不過是
他的頭銜而已，並不是他本身。你也曾經有過這樣的失落嗎？

　　古時候有一位大將軍，因為替朝廷立了許多戰功，非常受皇
帝倚重、信任，權勢也很大。

　　在他過八十大壽的時候，家人特地邀請了許多賓客一起為他
祝賀。壽筵上，有人問大將軍說：「請問將軍，在您這一生當中，
有沒有最值得回憶的事？」

　　所有的賓客都以為，大將軍會將某一場功勳卓著的戰役視為
一生中最值得回憶的事。沒想到，大將軍思索了一會，卻回答說：
「我這一生最值得紀念的一件事，應該是有一年的午後，我穿著
便服外出散步，走到橋頭的時候，遇到了一個小女孩。」

　　賓客們聽到這裡，紛紛猜測接下來一定會有出人意表的發展，

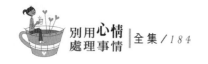
並且認爲那個小女孩絕對不是普通的人物，不然怎麼會讓這位威震天下的大將軍留下那麼深刻的記憶？

聽了賓客們的猜測，大將軍笑著搖搖頭說：「你們都猜錯了，她不過是一個普通人家的小女孩而已。」

大家聽了更好奇了，心裡納悶著一個普通人家的小女孩，怎麼能令大將軍如此記憶猶新呢？大將軍慢慢說道：「這個小女孩只不過是希望我帶著她過橋而已。」

看見賓客們一頭霧水的樣子，大將軍對賓客們解釋：「當我穿著將軍的官服時，每個人都對我畢恭畢敬，不論走到哪裡，大家都對我百般禮遇。可是那一天，我就像個普通百姓一般，穿著尋常的便服，走到人來人往的橋頭，那個小女孩還是選擇了我帶她過橋。這表示，就算我不是大將軍，仍然能夠得到別人的信任，這是我終生引以爲傲的一件事！」

如果每個人都能夠放下自己矜持的身段，用平常心對待周圍的人，毫無疑問的，這個世界一定會變得更美好。日常生活中，設身處地爲對方著想，用適合的方式對待，如此一來，我們才能讓對方感受得到善意，也才能讓彼此的關係更和諧。

不管是多威風的排場，多顯赫的頭銜，總有一天會因爲時間的變化而褪色，因爲使頭銜發光發亮的是別人，最後使它褪色的也是別人。

由歷史上的種種例子，我們可以得知，世界上沒有永遠存在的權力，人生舞台上也沒有永不退場的演員。與其緊抓著頭銜不放，或者試圖透過頭銜贏得別人敬重，倒不如好好修養自己；如此一來，你能得到的，會遠比頭銜給你的還要多。

太過偏執，會看不清事情的真面目

偏執使人盲目，使人看不清事情的真面目。做任何事情，過與不及都不是好事，應該用心靈的眼睛觀照週遭。

執著是成功的必備要素，但若是太過於執著，心中就會形成強烈的執念，反而會造成失敗。

因為，人要是太過執著，就會變成固執，在問題發生的時候，看不清楚問題的癥結，也會在應該斷然做決定的時候，錯過當機立斷的時機，成為失敗的重要原因。

有一個人是非常虔誠的佛教徒，有一次費盡千辛萬苦，找到一位隱居在深山的禪師，問他：「請問大師，到底什麼是佛？」

禪師笑著回答：「你就是佛。」

那個人聽了禪師的話，大吃一驚：「我只是一個凡夫俗子而已，怎麼敢認為自己是佛呢？」

禪師娓娓向他解釋說：「你會有這種想法，是因為你有一個『我』的觀念從中作梗。既然有了『我』的存在，就跳脫不了『我執』，就不能超越自己，所以你不知道自己就是佛。」

那個人聽了禪師的解釋似懂非懂，又問：「既然如此，那麼請問大師，您呢？您是不是佛？」

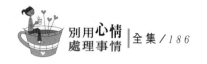

　　禪師聽了，原本慈祥的笑容轉爲嚴肅，說道：「施主，你爲什麼要那麼偏執呢？有了『我』的觀念就已經不是佛了，現在又加上了一個『你』，那不是離佛更遠了嗎？」

　　人生最大的困境，就在於我們不願放下那些困住自己的偏執。

　　該放下的時候就放下，加諸於我們身上的那些枷鎖，如果不能用積極快樂的心情解開，就會動輒和自己嘔氣，漸漸遠離原本屬於自己的幸福人生。

　　偏執使人盲目，使人看不清事情的真面目。

　　做任何事情，過與不及都不是好事。從這個角度而言，「學會放下，活在當下」不但適用於個人的修養，也是現代社會很好的處世哲學。

　　做人做事應該用心靈的眼睛觀照週遭，如果能先跳脫出「我執」的觀念，那麼更開闊的人生前景也就指日可待了。

別讓惱人的記憶緊緊纏著你

趕快把生命流程中某個瞬間發生的過錯忘掉吧！如果你不能釋懷，那麼這些令人懊惱的記憶，就會緊緊纏繞著你，一起走進你的未來。

人總是比較容易記住不愉快的事情，對於快樂的事情反而忘得比較快，加上現代人的生活壓力越來越大，所以不快樂的人也就越來越多了。

要改變這種情況，其實並不難，只要將快樂的記憶時間拉長，縮短不愉快的記憶時間，久而久之，你的生命就會洋溢著快樂與和諧。

有一對白髮蒼蒼的老夫婦，每天早上總是會手牽著手，一起在住家附近的公園散步，他們已經這樣散步了快五十年。

這一天，是他們兩人結婚五十週年的日子，老先生還是一樣牽著老太太的手，在公園裡散步。

走著走著，老先生突然放慢腳步，緩緩地對老太太說：「有一件事我藏在心裡很久了，一直想告訴妳，卻不敢說出口。」

「你有什麼事想說？」老太太很疑惑地問。

老先生深吸了一口氣，接著說道：「二十年前，同樣在這個地方，我曾經牽過另外一個女人的手，但是，當時我只牽了五分

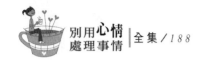
鐘而已。雖然只有短短五分鐘，事後我還是一直覺得很後悔，一直到現在，回想起來，我對妳還是覺得很抱歉。」

老先生很快把話說完，不知道老太太會有什麼反應，覺得很緊張。

沒想到，老太太卻笑著說：「我還以為是什麼大不了的事呢！趕快把那五分鐘的不愉快忘掉吧！對我來說，跟我們五十年幸福的婚姻比起來，那五分鐘根本不算什麼啊！」

五分鐘和五十年，哪一個時間比較長？

這是連小孩子都能回答出來的問題，可是對於故事裡的老先生而言，因為放不下，他的五分鐘卻遠遠超過五十年的時間。

老先生由於內疚，只記得五分鐘的錯誤和後悔，因此忽略了他和他太太之間漫長而美好的五十年的歲月。

你是不是也跟故事中的老先生一樣，只記得五分鐘，而忘了五十年？

趕快把生命流程中某個瞬間發生的過錯忘掉吧！如果你不能釋懷，那麼這些令人懊惱的記憶，就會緊緊纏繞著你，一起走進你的未來。

把握當下，才能創造未來

無論昨日成功或失敗，

並無法預測你明天是成功還是失敗，

因為生活只有當下，

人生也只有現在和未來。

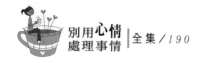
用「逆勢操作法」解決問題

如果大家都能心平氣和地，以智慧解決問題，
那麼衝突和爭執便能減少，社會也才能避免更
多新問題的產生。

　　人生沒有解決不了的難題，只有「不想」解決的困境，只要
你願意放下腦中的那些負面想法，願意面對現實，就能讓自己踏
實地活在當下，活出真正屬於自己的亮麗人生。

　　不論在工作場所、社交場合，或者在一般的日常生活中，我
們都免不了會與他人發生爭執。

　　遇到爭執的時候，不論誰對誰錯，如果只知道以強硬的態度
面對，那麼爭執不但不容易化解，甚至可能還會樹立更多的敵人。

　　有一個剛剛退休的老人在鄉下買了一棟房子，打算在這裡安
安靜靜地度過自己的晚年。

　　剛搬進來的第一個禮拜，老人每天都過著清靜的日子。但是
這種安靜的生活才過了沒多久就被打亂了，不知道從哪裡冒出三
個青少年，開始在這附近亂踢所有的垃圾桶。

　　他們對這個遊戲樂此不疲，可是製造出來的噪音卻使老人十
分困擾，於是老人決定要跟青少年們好好地談一談。

　　「年輕人，」老人笑瞇瞇地對這些年輕人說：「我看你們好

像玩得很開心的樣子，這樣好了，如果你們願意每天都過來踢垃圾桶的話，我就給你們每個人一塊錢。」

這三個年輕人很高興，可以玩還有錢可以拿，更使勁地踢所有的垃圾桶。

過了幾天，這個老人面帶愁容地去找這些年輕人，對他們說道：「因為通貨膨脹的關係，我的存款開始變少了。從現在起，我只能付給你們每個人五毛錢了。」

錢變少了雖然使年輕人不太開心，但他們還是接受了老人的錢，依舊每天固定來踢垃圾桶。

一個禮拜之後，老人再去找這些年輕人，滿臉歉意地對他們說：「實在很抱歉，我最近都沒有收到養老金的支票，所以現在開始，我每天只能給你們兩角五分錢了。」

「什麼！只有兩角五分錢？」一個年輕人聽完老人的話之後大叫：「你以為我們會為了這區區的兩角五分錢而浪費時間在這裡踢垃圾桶嗎？不可能的，我們不幹了！」

從此以後，這些年輕人再也沒有來製造噪音，老人又可以繼續過著自己嚮往的清靜日子了。

托爾斯泰曾經說過：「聰明人的特點有三，一是不勸別人照自己的意思去做，二是絕不做違背自然的事，三是容忍週遭人士的愚蠢。」

如果你能在困境中放鬆心情，不因為不如意而任由情緒擺佈，那麼你必定能順利找到解決的方法。

故事中的老人如果選擇以強硬的方式來處理問題，就算問題可以解決，接下來的後果卻可能比原本的問題還要嚴重。

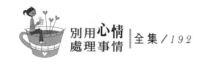
　　老人想到了這一點，所以選擇以「逆勢操作」的方式來處理，如此一來，不僅有效，還可以徹底地解決問題。

　　在現實生活中，我們也應該如此，遇到問題之時先放下自己的怒氣。如果大家都能心平氣和地以智慧解決問題，那麼衝突和爭執便能減少，社會也才能避免更多新問題的產生。

別用怒氣解決問題

當你遇到問題的時候，先別急著生氣，心平氣
和地想一想，如果生氣對解決問題有用的話，
那麼再生氣也不遲。

遇到與自己的期待相反的情況時，許多人在當下的第一反應
就是生氣，總是等到怒氣發洩完了之後，才會開始想辦法解決問
題。可是，成功者卻不是如此。他們在別人還在生氣發洩的時候，
就開始思考問題的解決方法，所以他們做事的時間比一般人多，
成就超越常人，最後躍上成功的頂端。

有一個小公司，辛辛苦苦地趕了一批貨，交給了一家新開發
的客戶，沒想到交貨之後，卻遲遲等不到客戶將貨款匯來。

因為年關將近，公司急需這筆款項，等了兩個星期後，老闆
決定親自到客戶的公司拜訪，詢問為什麼貨款還沒有支付。

老闆在該公司等了一段時間之後，對方負責處理這批貨的人
才出現，交給他一張可以立即兌現的現金支票。

老闆拿著客戶開出的現金支票趕到銀行，希望能夠立刻兌換
成現金，準備過年的時候應急用。

但是，當他將支票交給銀行的櫃檯小姐時，對方卻告訴他，
這個帳戶已經有很長一段時間沒有資金往來了，而且戶頭內的存

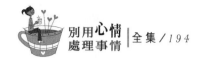

款也不足，他的支票根本無法兌現。

老闆明白是那個客戶故意要刁難他，原本想立刻衝回客戶的公司和他大吵一架。但是，這個老闆一向秉持著「和氣生財」的經營原則，連忙壓下自己的怒氣，向銀行的櫃檯小姐陳述了自己的窘況，並詢問這張支票之所以無法兌現，到底差了多少錢。

老闆的態度很誠懇，櫃檯小姐便很熱心地幫他查詢。查詢的結果是，戶頭內只剩下九萬八千元，跟他的支票金額只差了兩千元。正如老闆所料，這個客戶存心和他過不去。就在這時，老闆靈機一動，從身上拿出兩千元，請櫃檯小姐幫他存到客戶的帳號裡，補足支票的面額十萬元後，再將支票軋進去。

就這樣，終於讓他順利地領到貨款了。

我們常常可以見到，許多企業中，有些職員在各方面的能力不及別人，但卻能躍居重要的職位。

原因在於，僱主最注重的並不是職員本身具備多麼傑出的「才華」，而是他們是否是頭腦清楚、身心健全、判斷力正確的人。

只有頭腦清楚的人，才不會做出用情緒解決問題的蠢事。

照理來說，故事中這位老闆可以怒氣沖沖跑到客戶的公司抱怨一番，但是他卻沒有選擇這麼做。

因為他知道，要是他這麼做的話，不但浪費自己的時間，而且也會因此永遠失去這個客戶了。所以，他寧願把時間花在解決問題上，而不用來製造新的問題。

下一次當你遇到問題的時候，先別急著生氣，心平氣和地想一想，如果生氣對解決問題有用的話，那麼再生氣也不遲。

立下志願，就要讓它實現

在實現目標的道路上，必定會有各式各樣的阻礙，也會遇到無法預料的挫折，讓許多人才剛跨出，旋即害怕退縮。

什麼是最好的人生目標，標準只有一個，那便是面對這個夢想目標，持續堅持下去，盡全力做到最好。

翻開年少的記憶簿，你是否也想起當時曾許下的人生目標？闔頁省思，目標如今是否已如願達成了呢？

這天，中川老師給即將畢業的學生們出一道作文題目，在黑板上寫下了「今後的打算」四個字。

寫作時間結束，中川老師開始閱讀一個個偉大的目標，有人寫著：「我以後要當一名大公司的職員！」

也有人期許自己：「我要成為一個科學家！」

當然，也有人希望能成為醫生，救助需要幫助的人。

中川老師認真地批閱著，在這些多元的願望中，他發現了兩篇文章最令人感動。

一篇是學業成績表現不佳，但性格相當開朗的岡田三吉所作的，另一篇則是罹患小兒麻痺症的大川五郎所寫。

岡田三吉寫道：「在我很小的時候，爸爸就去世了，我對他

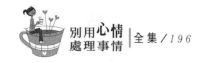
的印象幾乎是空白的。但是，當我聽說爸爸是個手藝高超的鞋匠時，我便決定，未來我要做日本第一流的鞋匠。」

而大川五郎的願望則是：「我自知身體不如人，無法像普通人那樣能做很多工作。不過，我很幸運，有個在東京做裁縫的親戚願意給我學習的機會，雖然我的動作不甚靈巧，但是只要我努力學習，一定能做出最漂亮的衣服，將來我要做一名日本第一流的裁縫。」

看完這兩篇文章，中川老師不禁微笑：「好，日本第一流的人物！」

畢業典禮結束時，三吉和五郎上前向老師道別。

「老師，我決定明天就到金澤市的鞋店工作。」三吉滿臉自信地說。

這時，五郎小臉上泛著紅暈，也大聲地對他說：「老師，我要前往東京了，不久之後，我就要成為一名裁縫師了。」

中川點了點頭，笑著說：「嗯！你們都要朝著日本第一流的方向出發，也要朝著日本第一流人物的目標前進。孩子，不論這條道路多麼艱難，你們都不要洩氣喔！」

少年用力地點著頭，他們聽見老師的鼓勵，對於自己的未來也充滿了信心和希望。

八年以後，他們果然分別成為日本第一流的鞋匠與裁縫師，人們只要來到東京，向當地人問起鞋匠三吉和裁縫五郎，幾乎每個人都豎起大拇指說：「好！」

每個人都一定會有夢想，也一定會有心中最想做的事。然而，在實現目標的道路上，必定會有各式各樣的阻礙，也會遇到許多

無法預料的挫折，這些難關讓許多人才剛跨出，旋即就因為害怕而退縮，甚至連夢想和目標也慢慢地被擱置了。

　　至於能實現目標的人，不是因為他們的機運比別人好，也不是他們的天賦比別人強，只是他們和三吉與五郎一樣，始終都相信：「我的目標一定能實現，我一定能成為日本的第一流人物！」

　　堅毅與自信是他們成功的關鍵，當然也是無法達成目標的人最缺乏的條件。

　　每一個夢想都有實現的機會，只要我們立定目標的那一刻，能和三吉、五郎一起將中川老師的勉勵銘記在心：「再艱難，你們都不要放棄，我相信你們一定會成功！」

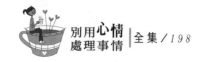
把握當下，才能創造未來

無論昨日成功或失敗，並無法預測你明天是成功還是失敗，因為生活只有當下，人生也只有現在和未來。

回想昨日你所做錯的事，或是尚未完成的任務，對你來說，這個回想的動作會讓你充滿快樂，還是悔恨？

或許，你該記住這番話：「不要用哀悼的眼光檢視過去，而是要明智地放下，設法改變現在。學會放下，活在當下，才能擁有希望和未來。」

挪威船王阿特勒‧耶伯生在三十一歲時，繼承了父親的船公司，從那天開始，他也正式展開經商之路。

經過十幾年艱苦奮鬥，耶伯生的公司從原本只有七艘船的小公司，慢慢發展到擁有九十艘船的大型公司，此外，他還進軍世界各地的油田、工廠，甚至在其他各種不同產業中也有大量投資。

有人試探性地問他：「你現在到底有多少財產？」

耶伯生搖了搖頭說：「其實，我也不太清楚，我唯一比較清楚的是，投注的保險金額大約有五十七億克朗。」

其實，耶伯生是個頗具遠見的生意人，當初接下父親的所有事業時，便發現其中的油船產業似乎沒有什麼發展空間，所以接

管一年之後，果斷地賣掉了油船，退出運油的行列。

耶伯生對合作夥伴說道：「想在航運業有一番作為，以目前的情況並不容易，因為這家公司沒有實力，操控權其實是掌握在石油大亨們的手中，我仔細評估後認為，如果把大部分的本錢全押在兩三艘大油船上，實在是件很冒險的事，對此，我沒有十足的把握。」

耶伯生一退出運油行業後，迅速將資金轉投資在散裝貨輪的運輸上，並與工業部門簽訂了長期的運輸合約。

一切如耶伯生預測，就在他將油船脫手後，石油運輸的投資家在七〇年代中期連遭噩運打擊，他卻穩如泰山，絲毫無損。

在握有長期合約的基礎上，耶伯生踏實經營，慢慢地增置了六千噸至六萬噸的散裝船，開始為大企業運輸鋼鐵產品和其他散裝原料，也積累了雄厚的資本與成就光芒。

耶伯生經常說：「想發展挪威的航運業，必須朝向世界，不該把眼光逗留在國內的航運中。」

提及自己的成功經驗，他說：「你必須堅決走出去，才能看見未來，而不是一直沉緬於過去，或自限於過去的保守或成就中，要用觀察力和判斷力看見明天，看見哪裡有可利用的資本，或需要運送的貨物，那麼你就往哪裡去，而這就是我成功的關鍵。」

從耶伯生的經驗來看，能果決地前進，自然而然能看見夢想的未來，一旦態度守舊，故步自封，再好的機會也無法掌握在手。

站立在生活的高處，你看見的是自己腳下的小草，還是放眼望去的寬闊花海？

不要一直沉緬在過去的成功或失敗之中，生活也不要有太多

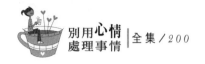
的回望，因為時間從不會倒轉。

　　用正確的心態面對生活中的過去、現在和當下，過去的已經過去，無論昨日成功或失敗，並無法預測你明天是成功還是失敗，因為生活只有當下，人生也只有現在和未來。

　　所以，我們要積極地往前航行，一如故事中的啟示：「果決前進，不要把眼光停滯在目前，因為明天很快就要成為過去，一旦過去了，我們便要少掉掌握一天的好時機。」

年紀越大，心態就要越年輕

只要你不放棄讓自己隨時保持年輕和熱情的心態，那麼年齡對你而言，並沒有太大意義，只不過是一個數字而已。

　　不知道你有沒有看過這種情形：明明才一個二十出頭的年輕人，卻總是一副無精打采的樣子；可是反觀有些七、八十歲的老人家，卻依然神采奕奕，容光煥發得像年輕人一樣。

　　之所以會產生這種現象，其實都是因為心境造成的。

　　你認為你是什麼樣的人，你的外表就會展現出你所想的樣子。

　　畢卡索於一九六六年，在法國巴黎舉行了一次個人回顧展，展出的作品依照創作年代的順序來排列。

　　在這一次的回顧展中，可以清楚地看出畢卡索畫風的轉變。

　　在他創作的初期，作品大都以風景畫和靜物寫生為主；到了中期，很明顯地可以從風景畫中，看出有一些不諧調的色彩出現，而靜物的寫生，也不像初期那樣的寫實。

　　等到後期，畢卡索的作品開始展現出世人熟知的畫風：抽象而且變形的人體、充滿活力的線條，以及各種用色大膽的幾何圖形，形成能夠引人徜徉在其中的無盡趣味。

　　畢卡索有一位畫家兼評論家朋友，看完這次的回顧展後，問

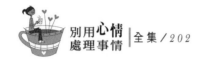
當時高齡八十五歲的畢卡索說：「你這次畫展的排列順序，真是令我感到不解。你初期的作品看起來穩重嚴肅，但是越往後發展，越是顯得狂放不羈，好像完全沒有規則可循。依我看，你的畫作年代排列，應該要倒過來才對。」

畢卡索聽了朋友的話，笑笑地回答說：「人一旦上了年紀，往往需要很長的時間，才能夠回復青春，但是只要你願意，你還是可以做得到。我的畫想要表達的，就是這種想法。」

人生，其實就是我們自己彩繪的圖畫，要展現什麼色調，表達什麼意涵，決定權也全都在自己手上。

人生的價值並不是依據外表的美醜、財富、地未來衡量，而是你是否對自己深具信心，是否敢讓自己越活越年輕。

畢卡索用他的畫筆，展現出他年輕的心境，也說明了，一個人的年紀大小，並不代表他的生活態度和想法。

只要你不放棄讓自己隨時保持年輕和熱情的心態，那麼年齡對你而言，並沒有太大意義，只不過是一個數字而已。

放下成見，就不會胡亂替人貼標籤

人隨時會變，世界也隨時在變，與其相信你先前所見的，不如放下成見，隨時去看一看更廣大的世界。

人們容易隨便給人貼上標籤，諸如是種族、性別、年齡、長相……等，然後據此斷定他們的行為模式；什麼人會做什麼事，在這些人心目中好像已經是理所當然的事。

然而，事實往往會向你證明，世界上沒有這麼簡單的事。

這是一個有關笑話的笑話。

如果講個笑話給英國人聽，他通常會笑三次。

你講給他聽時他笑一次，因為那是禮貌；等到你解釋那個笑話給他聽時，他會笑第二次，那也是出於禮貌。最後，他會在三更半夜醒來笑第三次，因為他反覆想了很久，終於弄懂這個笑話的意思。

如果你把同樣的一個笑話講給德國人聽，他通常會笑兩次。你講的時候他笑一次，是基於禮貌；你解釋那個笑話時，他會笑第二次，那也是因為禮貌。他不會再笑第三次，因為他永遠無法弄懂這個笑話的意思。

你把同一個笑話講給美國人聽，他只會笑一次。你一講他就

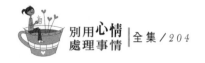

笑了，因為他一聽就馬上懂了。

　　可是，當你把這個笑話講給猶太人聽，他連一次都不會笑。他會訕訕地對你說：「那是老掉牙的笑話了，我聽過不下一百遍；還有，最精采的那個部分你講錯了。」

　　為什麼同樣一個笑話，傳到不同的民族耳朵裡，會有不同的反應呢？

　　因為英國人拘謹，腦筋動得不快，卻十分願意下功夫去思考。

　　德國人一板一眼，毫無情趣，笑話對他們來說不具多少意義。

　　美國人腦袋比較靈活，十分聰明，對任何事情一點就通。

　　猶太人最世故也最有頭腦，他們天生是背著歷史包袱的悲劇民族，記性特別好，容易學有所成。

　　這個笑話旨在說明各民族的大體習性，不可否認，不同民族的確有不同的思想方式、風俗習慣，但並非所有的美國人都狂放不羈，也不是所有的猶太人都精明吝嗇，世事沒有「一定是」，也沒有「絕對是」。既然如此，又何必用先入為主的觀念給身邊的人貼上標籤，失去進一步了解的機會呢？

　　希拉克里特斯曾說：「你不可能踏進同一條河兩次，當你再踏進去時，它已不是相同的河，因為河水總是在流動。」

　　人隨時會變，世界也隨時在變，與其相信你先前所見的，不如放下成見，隨時去看一看更廣大的世界。

沒有判斷力的人會提早出局

處在這個變化迅速的時代，唯有早人一步做出

正確的判斷，才能保證自己不被淘汰。

想要成為一個成功者，首先必須具備的條件，就是懂得取捨，能在危急的時候做出最正確的判斷。

可是，要培養出權衡輕重的能力並不是容易的事，除了必須隨時注意週遭環境的動態之外，敏銳的觀察力也是不可或缺的。

有位作家曾經寫過一則饒富寓意的親子對談。

有一個小孩拿著一本故事書，跑到媽媽的面前，滿臉不解地問道：「媽媽，司馬光打破了水缸，救出跌落在缸裡的小孩，可是水缸被打破了，不是一件很可惜的事嗎？」

媽媽回答小孩：「但是他不立刻打破水缸，又沒有大人幫忙的話，那個小孩子很可能會因此淹死，所以只好把水缸打破啊。」

過了不久，小孩又指著《伊索寓言》故事書上的圖畫，問媽媽說：「媽媽，烏鴉為了喝瓶子裡的水而把小石頭丟進瓶子裡，可是，烏鴉難道不怕小石頭弄髒水嗎？」

媽媽很有耐心地向小孩解釋：「當時烏鴉非常口渴，而且又找不到別的水源，當然只好忍耐著髒了。」

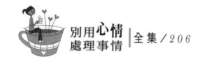

沒隔幾分鐘，小孩又拿了一份報紙過來，指著上面的一則新聞說：「媽媽，這個人在山裡面割草的時候被毒蛇咬傷了，居然用鐮刀把自己被咬的腳趾砍斷，真是太可怕了！」

媽媽對小孩說：「這是因為，他知道被毒蛇咬到，如果不立即治療是會死掉的，而且當時離山下很遠，根本來不及找醫生，所以只好把腳趾砍掉，不然的話，他就會死在山上了。」

媽媽把小孩抱過來，溫和地對他說：「司馬光如果珍惜水缸的話，跌入水缸的小孩很可能就會淹死；烏鴉如果怕石頭髒，很可能會因此而渴死；割草的人如果不砍掉自己的腳趾，那麼他就會因此喪命。所以，你要記住，權衡輕重的判斷力是很重要的。」

洪應明在《菜根譚》書中寫道：「橫逆困境是鍛鍊豪傑的一副爐錘，能受其鍛鍊，則身心交益，不受其鍛鍊則身心交損。」

不管遇到什麼困境，只要我們仍舊保持著積極樂觀的心態，就不難做出最正確的決定，獲得自己需要的助力。

人類的一切發展，不管內容如何，都可以看做是一系列不同的創造過程。創造與需要以特定的方式彼此緊緊聯繫著。

需要，就像是一位嚴肅而又親切的老師，教導著人類利用頭腦，發揮本身的聰明才智，去克服自己所遭遇到的種種困難。

如果人遇到困難之時，不懂得運用腦力為自己創造奇蹟，那麼，就無異是屈服於命運的低等動物。

處在這個變化迅速的時代，唯有早人一步做出正確的判斷，才能保證自己不被淘汰。要比別人早一步做出正確的判斷，平時就得先培養自己權衡輕重的能力，只有如此，才能在現代社會中擁有一席之地。

何必整天患得患失？

 有得必有失，有失必有得。得意往往是失意的原因，失意則會成為得意的起點，在得與失之間，又何必太計較呢？

人在春風得意的時候，仍然免不了會遭遇到小小的失意。雖然後者與前者相比可能微不足道，但是，有許多人總是只看到那微不足道的「失」，而忽略了已經擁有的「得」，因此整天患得患失。

譬如一個有錢人，儘管已經有了億萬的財富，但還是會因為被倒了兩百萬而悶悶不樂。

又譬如，一個已經位居經理職位的人，也會因為偶爾遭到總經理的責備而心事重重，擔心自己無法再往上爬。

這樣的人往往只會斤斤計較眼前小小的不如意，卻不曾想到，自己和別人比起來，已經算是非常幸運了；正因為如此，許多看似得意的人反不如一般人來得快樂。

而且，這些得意的人到最後往往因為看不開，結果真的成為失意的人。

《論語》裡有一個教人心胸必須開闊的故事。

有一天，楚國國王出遊打獵的時候，不小心遺失了他的弓；

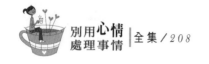

下面的人知道了，急忙要去尋找，楚王卻不以為意地說：「不必找了，我在楚國境內掉的弓，當然會由我的人民撿到。既然最後一定是被楚國人得到，那又何必那麼認真去找呢？」

孔子聽到這件事，感慨地說：「可惜楚王的心胸還是不夠寬大啊！他為什麼不說：既然是人掉的弓，最後自然還是會被人撿到，又何必計較是不是楚國人撿到的呢？」

得與失在我們的心中，其實只有一線之隔而已，我們認為自己得意，那就是得意；認為自己失意，那就是失意。

所以，顏淵雖然居陋巷，一簞食，一瓢飲，也能在其中悠然自得，但是秦王嬴政即使統一了天下，仍然感到自己的日子活得不安穩。

英國作家狄更斯曾經在著作中告訴我們：「一個知足的人，才能用開闊的胸襟面對世事，徹底享受生活。」

世界上的事往往有得必有失，有失必有得。

得到的身外之物越多，就算再增加，也不會覺得快樂，反而會因為稍有所失就開始惶恐。相對的，失去得越多，即使再失去也不會感到可惜，甚至還會因為稍有所獲就非常快樂。

所以，得意往往是失意的原因，失意則會成為得意的起點。既然如此，在得與失之間，又何必太計較呢？

不要淪為慾望的奴隸

要記住，慾望是人類的工具，目的是用來讓人類生活更好，而不要讓自己淪為慾望的奴隸。

有位作家曾經這麼說：「人的慾望就像『魔戒』一樣，只要動了貪念，就無法讓自己獲得幸福。」

的確，貪得無厭、不懂得知足的人，永遠無法得到自己想要的，因為，他的就慾望像一個「無底洞」，誰也無法將它填滿。

現代人的物質生活雖然很豐富，但是，由於瘋狂而盲目地追求身外之物，心靈卻逐漸空虛。

不管是權力、名位，還是金錢，帶來的快樂都只是暫時的，雖然它們的重要性不容懷疑，但是，無論它們在現實生活中再怎麼重要，也不能用來交換心靈的快樂與滿足。

那是因為，快樂是精神層次的感受，不是物質層次的東西可以替代的。

據說，上帝雖然依照自己的形象創造了人類，可是不想將生命的秘密告訴人類，怕人類知道之後會威脅到眾神的威嚴。

但是，上帝左思右想，又不知道該把生命的秘密藏在什麼地方，才不會輕易被人類發現。

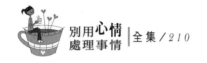
上帝於是召集眾神，問他們有沒有什麼好辦法。

其中，一個天神提議說：「乾脆我們把這個秘密埋藏在高山上面，這樣人類就找不到了。」

上帝想了一下，覺得不妥：「可是，萬一有一天人類去山上開墾的話，不就被發現了嗎？」

又有一個天神提議說：「那就把這個秘密藏在最深邃的海底好了。」

上帝又搖搖頭說：「這個方法也不好。我賜予了人類智慧，等到他們以後發展出高度的科技文明時，自然也有辦法到深海底探勘，到時候這個秘密還是會被找出來的。」

就在眾神都想不出好的方法之時，有一個排在最後面的天神走到上帝面前，說道：「我有一個好辦法，乾脆把生命的秘密藏在人類的心靈深處，因為人類的天性只會不斷向外追尋，從來不會探索自己的內心深處。把生命的秘密放在這裡，人類就永遠找不到它了。」

上帝聽了覺得有理，於是採用這位天神的辦法，從此便將生命的秘密藏在每個人的心靈深處。

在這個世界上，能真正發現「自己」，並且把內在最美好的能力發揮出來的人並不多見。

因為，大多數的人並不清楚自己的「生命資產」有多麼豐富，也不知道該如何靈活運用。

只要找到「生命的秘密」，就能擴展我們的視野，開發我們的能力，並喚醒我們的潛能，我們會感到有一股全新的力量在血液裡迴旋激盪，有一種蓬勃的激情在全身上下身洶湧澎湃。

　　的確，生命的秘密就在你我的心靈深處。

　　我們都只是塵世裡凡人，心裡都會有著各種慾望，而且正因為有了這些慾望才會激發不斷進步的動力。

　　擁有適度的慾望並不是一件壞事，但是要記住，千萬不要讓過多的慾望蒙蔽了自己的心靈。

　　否則，你不但會越來越不快樂，同時在人生的過程中，遍尋不著生命的真正意義。

　　要記住，慾望是人類的工具，目的是用來讓人類生活更好，而不要讓自己淪為慾望的奴隸。

PART9

放下心中的包袱，才能輕鬆上路

放下該放下的，也丟開不必要的擔心吧！

輕裝上路，你才能快樂前進，

也才有足夠的力氣與空間，

容納沿途發現的珍寶。

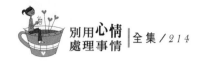
發脾氣，比想清楚容易

要改變衝動的壞習慣，就先建立「不可能事事
都順自己心意」的認知吧！

還沒搞清楚狀況就先發脾氣，是現代人的通病，這樣衝動的
結果，往往只會讓自己後悔不已。

而且，只要你表現出這種盲目又衝動的舉動，即使只有一次，
也會被他人貼上「不理性」的標籤。

如此一來，無異於阻礙了自己往後的人際關係和發展。

有一位畫家，受僱在一座建築物的頂端畫一幅巨幅壁畫。

這個畫家對於這項委託非常認真，每畫到一個段落，就會抬
起頭，在懸空的平台上欣賞。但是，這幅畫實在是太大了，他每
次抬頭，就會離平台的邊緣越來越近，位置也越來越危險。

隨著巨畫慢慢完成，畫家每次抬頭欣賞時，就不知不覺地越
來越退後。

這天，他只顧著聚精會神、目不轉睛地欣賞自己的作品，完
全沒有意識到已經退到平台的最邊緣了，只要再往後退一步，就
會失足掉下平台。

這時，另一邊的助手發現畫家快掉下去了，大聲提醒他，但

他依然沒有聽見，只顧著專心欣賞自己的傑作。助手沒辦法，只好衝到壁畫面前，拿起畫筆就往壁畫上亂塗。

畫家看見助手的舉動，氣得跳到壁畫前面，揮拳就朝助手打去；助手還來不及解釋，就因為閃躲畫家的拳頭，重心不穩而跌下平台了。

事後，畫家雖然明白了助手的苦心，對自己的衝動懊悔不已，可是這一切都已經來不及了。

每個人的人生，就像四季循環一樣充滿變化。重點在於，當暴風雪的季節到來，我們抱持著什麼心態渡過生命的冬天。

使我們感到憤怒、懊惱、痛苦、悲傷，或是消磨意志的，往往不是真的來自環境的困劣，而是我們無法用超然的心境去面對。

當事情的進行或情況都順自己心意的時候，是沒有人會衝動發脾氣的；之所以會衝動，都是在不如己意的情況下才會發生。

所以，要改變衝動的壞習慣，首先要改變觀念，建立「不可能事事都順自己心意」的認知吧！只有擁有這種認知，才能在發生問題時，用最正確並且心平氣和的方法解決。

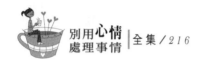
放下心中的包袱，才能輕鬆上路

放下該放下的，也丟開不必要的擔心吧！輕裝上路，你才能快樂前進，也才有足夠的力氣與空間，容納沿途發現的珍寶。

　　古代哲學家歐里庇得斯曾說：「一天一天地活下去，不要求更多的東西，從而得到生活的樸素精髓，這樣的人最快樂。」

　　近代勵志作家哈伯德也曾經這麼說道：「最大的快樂，並不是你得到什麼東西，而是在於你放下什麼東西。」

　　在人生各個階段中，定期解開你身心上的「包袱」，才能隨時找到減輕壓力、負擔的方法。

　　有一年，英國著名作家理查‧賴德和一群好友相約到東非去探險。抵達目的地時，他們才知道，東非正逢乾旱，氣候酷熱難耐，這趟旅程恐怕會比想像中還要艱辛、漫長。

　　為了順利完成探險，理查臨時追加了許多生活用品。

　　只見，理查和友人們背起了大小行囊，來到了東非的一個小村子，尋找這次探險的導遊。

　　不久，當地的酋長帶來了一名經驗豐富的村民。

　　出發前，他們依照慣例，請導遊檢查他們的裝備是否齊全。

　　然而，就在檢視理查的行囊時，導遊突然停下動作，轉身問

道：「理查先生，你認為，你有必要帶這麼多沉重的東西嗎？你認為，這些東西能為你帶來安全和快樂嗎？」

理查聽見時，忽然楞住了。

塞滿物品的背包，確實是件沉重的負擔，未來還有好長的一段路要走，肯定會更加辛苦。

為此陷入沉思中的理查，忽然想到：「背著這麼多的東西上路，真的有必要嗎？這些東西真的都是必要的嗎？背著這麼多的東西，會讓我的旅途充滿快樂嗎？」

於是，理查再次整理他的背包，發現背包裡的東西有很多是非必要的，只是他似乎有點遲疑，導遊見狀忍不住又說：「輕裝上路吧！」

理查一聽，笑著點了點頭，將所有不必要的東西全拿了出來，贈送給當地的村民，一下子讓原本沉重的背包縮小許多，當然也變輕了許多，他也發現，自己在情緒上似乎也有了小小的變化，那是一種卸去重擔的快感，減少束縛的自在感。

少了負重前行的疲累和煩惱，這趟旅途對理查來說，無疑是全新的體驗，因為輕裝前進而變得輕鬆愉快，雖然氣候酷熱，心情卻滿是喜悅，觸目所及更是處處皆趣味盎然。而他也深刻地體悟到：「生命裡填塞的東西愈少，就愈能發揮潛能。」

因為「擔心」，我們總是不斷地給自己不必要的壓力，也因為「放不下」，讓我們經常背負著不必要的沉重包袱，這些都是拖累我們生活步伐的重要原因，也是阻礙我們思維靈活變通的主要原因。

「你快樂嗎？」當故事中傳遞出這樣的疑問時，你是否也忍

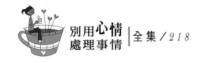

不住重新審視著自己，發現自己看見了什麼問題？

　　你是否也和導遊一樣有著相同的反思：「身上背負著那樣沉重的包袱，怎麼能輕盈前進，享受旅途中的美麗呢？」

　　放下該放下的，也丟開不必要的擔心吧！輕裝上路，你才能快樂前進，更重要的是，你也才有足夠的力氣與空間，容納沿途發現的珍寶。

沒錢的人通常都很蠢

現實生活中，就是有人給他們再多錢也沒用，

因為他們根本不知道該如何運用自己的金錢。

　　現代人的通病是認為自己的錢不夠用，因此總是為了金錢而奔波忙碌，或者充滿「仇富」心態，抱怨貧富差距，抨擊政府對自己照顧不夠多。

　　然而，事實真的是這樣嗎？

　　事實上，如果不懂得好好地運用金錢，那麼再有錢的人，也有坐吃山空的一天。

　　相反的，如果能夠將有限的金錢，發揮無限的功用，即使是窮人，也能搖身一變成為有錢人。

　　美國雖然是世界上公認最富裕的國家，制定了許多照顧窮人和失業人口的社會福利制度，但是，美國的社會當中，仍然存在著許多貧窮的人。

　　政府原本以為是社會福利制定得不夠完善，所以特別委託一個民間機構進行訪問調查，希望找出為什麼始終無法改善他們生活的原因，並且也讓法令有修正的依據。

　　沒想到經過調查之後，發現有些人貧窮的原因非常離譜，以

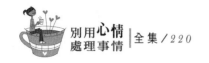
下便是這個團體所調查到的三個特殊例子。

有一位中年男子雖然有工作，但是每個月總是把一大半薪水花在修理地板上。

因為修理地板的費用太高，導致他十分貧窮，窮到連用來生火的木柴都買不起，因此只要天氣一冷，就只好拆掉屋裡的地板當柴燒，然後等拿到薪水之後再請工人來修理地板。

有一個女孩因為經常失業而領取失業救濟金。

調查的時候發現，造成她失業的原因，是因為她早上總是無法準時起床，總是由於遲到過多而被開除。

但是，當調查人員勸她買一個鬧鐘，改善無法準時起床的狀況時，她竟然相當不悅地表示，政府發給她的那些失業救濟金根本不夠用，她沒有多餘的錢買鬧鐘。

有一個老太太，雖然政府每個月發給她的救濟金，已足夠支付她整個月的基本生活所需，但她還是經常挨餓。

她會挨餓的原因，是因為她總是用這些救濟金購買昂貴的肉類和冰淇淋，卻沒有用來買麵包、牛奶……等基本食物，政府的補助自然也無法維持她的生活了。

這篇故事的主旨當然不是以鄙視的眼光嘲諷窮人，而是強調要認真生活、妥善運用金錢，否則在不景氣或金融海嘯來襲時，景況就會變得無比淒慘。

一個人的生活究竟是快樂的或是痛苦的，關鍵往往在於用什麼態度面對生活。很多時候，只要我們願意積極生活，節制若干物質慾望，就不致讓自己捉襟見肘。

大多數的人都知道，只要自己積極奮發向上、樂觀地期盼著

自己的理想和抱負總有一天會實現，最後就一定可以達成目標，但是，往往只是借用這種想法欺騙自己、麻醉自己，不肯腳踏實地去追求自己的夢想。

這種幻想家做事往往苟且敷衍，總是重複做著愚蠢的事，又不斷抱怨別人不伸出援手，當然掙脫不了貧窮的困境。

看了這三個例子，你也許會覺得十分荒謬可笑，但是現實生活中，就是有人給他們再多錢也沒用，因為他們根本不知道該如何運用自己的金錢。

如果你不是這種人，那麼恭喜你具備創造財富的能力，但如果你也和這些例子相距不遠的話，為了避免落入貧窮的深淵，也許你該好好學習如何妥善地運用金錢了。

千萬別像例子中這三個蠢人一樣。

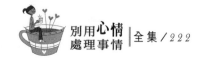

累積實力，才會有潛力

想要激發自己的潛能，就必須一步一腳印地慢慢累積，只有這樣，你的潛能才會有發展的空間，失敗機率才能降到最低。

大家都知道挑戰艱鉅的目標可以激發自己的潛能，但是，卻往往忽略了累積實力的重要性。

在基礎能力都還沒有完全具備的時候，貿然地就向困難挑戰，其實只是一種無知的表現。

所謂「萬丈高樓平地起」，如果連自己的基礎能力還沒打好，那麼潛能又要從哪裡出現呢？

有一個體育記者訪問一位金牌游泳教練時，問到了他的訓練方法。教練回答：「如果一個選手開始時只能游二十二公尺，可是游泳池的長度是二十五公尺，那麼我會叫他先從淺水區開始，再向深水區前進。」

記者聽完，反問教練：「可是要是他只能游二十二公尺，游到最後的時候，剛好是池水最深的地方，這樣不是非常危險嗎？」

教練回答記者說：「這是選手進步最快的方法。因為當一個選手由淺水游向深水時，開始游的時候就知道要保存體力，等游到深水區再拼命向前衝；因為在深水區，要是游不動就會沉下去，

所以，一定會發揮最大的潛能，即使原來只能游二十二公尺，到時候自然也能游完整個游泳池。」

「相反的，如果是從深水游向淺水，開始的時候一定會拼命游，等到力氣不夠了，發現自己已經在淺水區，那麼一鬆懈下來，就算原本能游二十二公尺，這時恐怕連二十公尺也游不完了。」

莎士比亞告訴我們：「千萬人的失敗，失敗在做事不徹底，往往做到離成功還差一步，便終止不做了。」

成功與失敗往往只有一線之隔，關鍵在於你是否能打敗自己的負面心理，咬緊牙關堅持到底。

二十二公尺的游泳距離，都是經過一公尺一公尺慢慢累積出來的；正因為不斷地累積，所以最後才能發揮出超越二十二公尺的潛能。

從游泳教練的這番話，我們可以得知，想要激發自己的潛能，就必須一步一腳印地慢慢累積，只有這樣，你的潛能才會有發展的空間，失敗的機率才能降到最低。

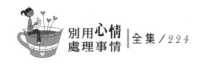
成功等於X＋Y＋Z

如果你能在遭遇阻礙或外力干擾時，仍專注地
朝自己的目標向前，那麼恭禧你，你已經走在
成功的軌道上了。

沒有人會想成爲失敗者，大家都是以「成功」作爲人生努力
的目標。

雖然如此，可是真正下定決心去做的人卻不多，所以成功的
人總是比失敗的人少，因此也更值得大家的尊敬。

有一位畫家，一直想幫愛因斯坦畫一幅人像，可是愛因斯坦
總是不答應，於是畫家便轉而請求愛因斯坦的夫人幫忙。

愛因斯坦的夫人對畫家說：「你想讓愛因斯坦答應你爲他畫
人像，並不是件容易的事，他是最不喜歡出鋒頭的人。之前曾經
有記者在報紙上刊登了他的照片，又爲他做了專題報導，這讓他
不高興了好幾天。」

畫家並沒有因爲愛因斯坦夫人的話而洩氣，仍然一直努力地
說服愛因斯坦。經過畫家不斷地請求，並且保證絕對不會刊登出
來之後，愛因斯坦才同意畫家替他畫像。

畫完之後，愛因斯坦還反覆叮囑畫家說：「請你千萬不要把
我的畫像登在報紙上，在報紙上刊登畫像或照片，是電影明星才

需要做的事，我是科學家，不需要這麼做。」

　　畫家帶著完成的畫像向愛因斯坦告別，臨走前，畫家向愛因斯坦請教了一個問題：「請問，人生有所謂成功的公式嗎？」

　　愛因斯坦思索了一下，回答：「有，公式是 A=X+Y+Z。」

　　畫家問：「這個公式代表什麼意思？」

　　愛因斯坦淡淡地回答說：「A代表成功，X代表工作，Y代表休息，Z就是少說廢話！」

　　生活中，我們最常犯的錯誤就是拿無關緊要的小事來消耗自己寶貴的時間精力，例如使用裝腔作勢的說話態度，專說些囉唆的話語。

　　如果我們不能妥善運用智慧，使自己成為生活的真正主人，那麼我們就會活在虛妄和幻想中，永遠不會成功。

　　愛因斯坦說的「少說廢話」，指的就是專心，由此可見，想要獲得成功，專心於你的目標便是不二法門。

　　如果你能在遭遇阻礙或外力干擾時，仍然專注地朝自己的目標向前，那麼恭禧你，你已經走在成功的軌道上了。

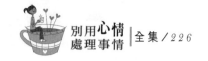
擺脫慣性思維，就能迎刃而解

當你遇到你認為無法解決的問題時，不妨轉換一下自己的心態，用孩子的單純來看問題，問題也許就能迎刃而解！

很多人都認為小孩子年紀小，心智的發育還不夠成熟，因此總會低估小孩子的聰明才智，以為他們什麼都不懂。

不過，也正因為他們還沒有受到社會規範或人際關係的限制，他們的觀察往往比大人還要敏銳，能一針見血地找出問題的核心。

印度有個流傳以久的民間故事：傳說中有個國王，每天接受大臣們的朝拜後，總喜歡考大臣們一些莫名其妙的問題，讓大臣們十分頭痛。這一天退了朝，國王帶著大臣們來到御花園，指著花園裡的水池說：「你們看到那個水池了嗎？你們有誰能說出水池裡的水共有幾桶？」

大臣們面面相覷，沒有人回答得出來。這時候，花園裡突然出現了一個小孩，原來他是某個大臣的孫子，因為長得聰明伶俐，王后非常喜歡他，常常叫他到宮裡來玩。

這個小孩看見大臣們一個個對著水池發楞，就問他爺爺發生了什麼事。當他知道國王的問題後，馬上說：「這有什麼難的？」

國王聽了小孩的話，心想連大人都回答不出的問題，他怎麼

可能會知道，於是便對小孩說：「那你就回答吧。」

小孩笑著說道：「這很簡單，只要看是多大的水桶就行了。如果水桶和水池一樣大，那麼池裡就是一桶水；水桶是水池的一半大，那麼池裡就是兩桶水；如果水桶是水池的三分之一，那池裡就是三桶水。以此類推，問題不就解決了嗎？」

這個小朋友的回答不但得到國王的重賞，眾位大臣也都自嘆不如。

一個人倘若老是被慣性思維困住，老是遵照既定的標準思考，那麼，一輩子也成不了什麼大事。

自作聰明及自以為精明，都是人的劣根性，也是邁向成功的障礙。這一點，從古往今來的成功人士身上就可以證明。

故事裡的大臣們之所以回答不出來，是因為他們的想像力和創造力，已經被約定俗成的常識限制，而小孩因為沒有被太多的社會規範束縛，所以能靠著自由的想像力和反應，解決這個大人眼中的「難題」。

因此，當你遇到你認為無法解決的問題時，不妨轉換一下自己的心態，用孩子的單純來看問題，問題也許就能迎刃而解！

恰到好處的智慧

雖然「剛剛好」看起來並不難，但是若沒有經驗的累積，是無法表現出恰到好處的智慧的。

所謂的中庸之道，以現代的語言來說，就是在處理事情的時候，能夠掌握得恰到好處。

這不是一件容易的事，而是一種人生智慧，必須靠長年的處世經驗，才能慢慢地累積出來。

沙漠的氣候非常的特殊，白天的時候，太陽像火一樣炎熱，能把人活活烤死，但是一到了夜晚，沙漠的空曠讓白天的熱力迅速消失，寒冷在毫無遮掩的情況下迅速籠罩，又能把人們活活凍僵。

儘管沙漠的氣候如此多變，可是美國的印第安原住民卻能世世代代夠在沙漠定居。他們之所以能在這麼惡劣的環境中生存下來，是因為他們的建築物有抵禦寒冷和熱氣的作用。

印第安人的牆壁是經過特別設計的，厚度恰到好處。白天，它的厚度剛好能將炎熱的艷陽隔絕在外，陽光無法穿透；等到快穿透的時候，夜晚也來臨了。這時外面雖然十分寒冷，但是白天曬熱的土牆，開始慢慢散發出白天儲存的陽光熱量，使室內變得

溫暖。

　　如果牆壁稍微薄一點，那麼白天的屋裡就會變成烤箱，晚上也沒辦法散發出足夠的熱量。

　　可是，如果牆壁再厚一點，白天固然不至於感到炙熱，但是夜晚卻會因為熱力穿透不出，而變得十分寒冷。

　　印地安人居住的奧妙就在那不厚不薄的牆，而這道牆的厚度正是長時間的經驗所累積出來的。

　　為人處世也是如此，不多不少，正是中庸的中心思想，雖然「剛剛好」看起來並不難，但是若沒有經驗的累積，是無法表現出恰到好處的智慧的。

　　奧地利作家茨威格曾說：「一個人的力量很難應付生活中無邊的苦難，所以，自己需要幫助別人，也需要別人幫助。」

　　只要我們肯改變自己主觀的意識和偏頗的心態，真心去關懷別人，對別人的事務也感到興趣，那麼，就能讓自己應對進退得宜，和別人相處之時就會比從前快樂許多。

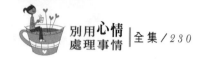

單打獨鬥比不上團隊合作

有許多人一生中都得不到別人的協助，最大的原因在於他們總是注意到自己微不足道的優點，刻意放大別人細微的缺點。

現代科技社會中，專業分工越來越精細，團隊合作精神也越來越重要。

在未來的商業趨勢上，團隊合作的重要性會遠遠超過個人的單打獨鬥，因為分工越細，越不可能有樣樣精通的人才，只有集合各種不同的專業人才，才能夠達到最好、最成功的效果。

在傳統的國畫中，如何用墨是門很大的學問，不論是選墨、磨墨還是運墨，就各有不同的方式；只要任何一個環節稍微處理得不好，就稱不上是一個成功的作品。

但是，許多精通國畫的專家指出，除了用墨之外，對於筆、紙、硯的選擇也不能夠忽略。例如，老的墨適合配合舊的筆，如此一來才能發揮出古樸的神韻，如果老的墨用新的筆，新筆會因為生澀，無法將舊墨的濃稠度發揮出來，至於新的墨如果用舊筆也是同樣的道理。

所以，只有筆、墨、紙、硯相互配合，才能將各自的長處發揮得淋漓盡致，也才能成就一幅佳作。

　　一個人的能力終究有限，所以只有集合大家的力量，才能將事情做到完美。就像一幅畫一樣，即使擁有再好的墨，沒有用到對的筆，它的長處還是無法展現出來。

　　想要成功，請先放棄單打獨鬥的想法吧！

　　好好地培養自己的專業、在團體中展現自己的實力，如此一來，你的成功才能有更紮實的基礎。

　　吸引別人幫助的最好方法，就是展現出自己的誠意，對別人時常表現出關心的態度，自然會得到適時的協助。

　　當然，你不能矯揉做作，必須發自內心對別人表示關心，否則，久而久之，當人們發現你態度虛偽的時候，你將會失去所有的助力。

　　有許多人一生中都得不到別人的協助，最大的原因在於他們總是注意到自己微不足道的優點，刻意放大別人細微的缺點。

　　這種專對別人吹毛求疵的人，通常執著於自己所定的標準，久而久之，便成了不受歡迎的人。

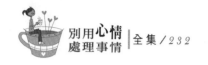
想當通才，小心變庸才

只要學有專精，多寡便不是重要的問題了。只怕什麼都去學，可是因為時間不足，所以每一樣都學不好。

專業能力的強弱，已經成為求職時評斷的重要標準。

所謂的「專業」，指的便是對某一領域的專精程度。在分工越來越細的現代社會中，如果你的目標只是成為一個事事都略知一二的「通才」，那麼最後的結果，很可能只會成為一個事事稀鬆的「庸才」。

宋太宗趙光義很重用趙普，還提拔他為宰相。

有一天，宋太宗下朝之後問趙普：「你在家裡的時候，有沒有經常讀書？」

趙普回答：「當太祖還在世的時候，他天天催促我要好好讀書。剛開始時，我是因為太祖的緣故而不敢不讀，到了後來，我變成不能不讀。現在我只要在家，而又沒有客人來訪時，我都把時間花在讀書上。」

趙普去世之後，宋太宗因為十分懷念他，同時又很想知道他一生到底都讀了哪些書，使得學識這麼淵博，於是便下令將趙普的書箱搬到御書房來，可是當宋太宗打開書箱一看，卻只看到了

半部《論語》而已。

　　第二天上朝的時候，宋太宗感慨地對群臣說：「趙普學識過人，是一個不可多得的好宰相。我原本以為他是博覽群書才會如此傑出，沒想到他只靠著半部《論語》，就可以治理天下了。看來，書不是貴在讀得多，而是要讀得精啊！」

　　哲學家叔本華曾說：「不加思考地濫讀或無休止地讀書，所讀過的東西無法刻骨銘心，其大部分終將消失殆盡。」

　　一個人儘管有著過人的天賦，要是沒有耐心，不肯腳踏實地努力，絕對不會有什麼傑出成就的。

　　有許多擁有才能的人，甚至是不世出的天才，由於生性懶惰，或者過分相信自己的天分，不肯認真鑽研自己專精的事務，結果都遭失敗，無法達到原本可以達到的成功。

　　由趙普的例子可以看出，只要學有專精，多寡便不是重要的問題了。

　　最怕的是為了當「通才」而什麼都去學，可是因為能力不足或時間不足，所以每一樣都學不好。

　　這樣不只削弱自己原本擁有的競爭能力，也平白浪費了寶貴的時間，到最後必然一事無成。

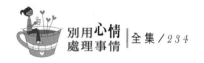
讓你的生命保持平衡

別以為擁有越多，生活就會更加滿足，一旦習慣了貪求，人們反而越來越不知道什麼叫作「知足」。

生活的天平貴在平衡，每個環節都很重要，不能稍有偏廢。

如果過分貪婪，把握不住必要的分寸，超越尺度、過度貪求的結果，往往讓生活中的正常需求失衡，反而更容易嚐到惡果。

不懂知足，生活自然要陷入痛苦的「不滿足」中。

就像烹飪一樣，適度的調味、適度的鹽才能烹調出美味可口的食物；要是加了過多的鹽和調味品，只會讓人難以下嚥。

喬亞到朋友家作客，主人熱情地招待他，燒了好幾道美味的菜餚。

但是，主人過於匆忙，每道菜居然都忘了放鹽調味，以致於每一道菜吃起來都淡而無味。

喬亞吃了幾口後，忍不住說：「我記得你做的菜都很好吃啊，今天怎麼吃起來都淡而無味呢？」

主人聽見朋友的疑問，這才想起桌上的菜全都忘了放鹽，於是他連忙把鹽拿出來，與菜餚拌一拌，再請喬亞試一試口味。

喬亞吃了一口，微笑著說：「可口多了。」

　　喬亞呆呆地看著鹽，好奇地想：「咦？原來菜的鮮美全靠鹽來提味！剛剛他只加了一點點鹽就如此好吃，如果多加一點，是不是更加可口呢？」

　　只見笨笨的喬亞，菜也不吃，便舀起一匙鹽巴往嘴裡送。

　　結果？當然是鹹得哇哇叫囉！

　　「過」與「不及」是許多人容易出現的處事狀況，其中又以過度貪婪是人們最容易出現的情況。

　　在《少年小樹之歌》中，爺爺提醒小樹兒如何與大自然共存時說道：「你只能拿你需要的東西。」

　　因為，人們認為自然是「取之不盡，用之不竭」而過度開發的同時，其實也是自掘墳墓的開始。

　　別以為擁有越多，生活就會更加滿足，一旦習慣了貪求，人們反而越來越不知道什麼叫作「知足」。

　　其實，生活只需要維持在一個平衡點，凡事抱持中庸的態度，不貪求、不過分消耗，你才能真正享受生命，也才會懂得什麼是真正的快樂。

PART10

成功的大門，需要多敲幾下

雖然失敗不見得會帶來成功，

可是至少是向成功更邁進了一步。

不要害怕失敗，

堅持到底，成功就在不遠處。

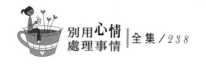

真正的富有不一定要擁有

能坦蕩選擇人生路的人，才能快樂前進，或許
要面對慾望並克服它，不是件容易的事，但慾
念始終都操控在你的心中。

　　每一個人在衡量價值的時候，原本就會有不同的定義和評量
角度，但是最基本的平衡點，應該是在「問心無愧」的基礎上。

　　俄國作家車爾尼雪夫斯基曾說：「一切真正美好的東西，都
是從奮鬥犧牲中獲得的，而美好的將來也要以同樣的方法來獲
取。」

　　人生之所以有亮麗與灰暗之別，是因為人追求的層次不同，
我們應該追求心靈層次的幸福，千萬不要追逐過多只會壓垮自己
的身外之物。

　　第二次世界大戰前，小柯家是城中唯一沒有汽車的家庭，面
對這樣的苦況，母親常常安慰家人：「一個人有了骨氣，就等於
擁有了一大筆財富，只要我們在生活中懷抱著一線希望，那麼我
們便擁有了一大筆精神財富。」

　　或許是受到小柯的母親所感動，老天爺竟在幾個星期之後，
送來了一輛嶄新的汽車，當擴音器裡大叫著小柯父親的名字時，
小柯欣喜若狂地說：「我們終於有車了！」

小柯開心地看著父親，卻發現他似乎不太高興。

小柯輕聲地問母親：「爸爸怎麼了？」

母親平靜地說：「因為，爸爸正在思考一個道德問題，我們先耐心地等待他的答案吧！」

小柯不解地問：「為什麼我們中了彩票是不道德的呢？」

只見母親笑著說：「因為，這汽車根本不屬於我們的！」

小柯一聽見母親這麼說，大聲抗議道：「誰說的！剛剛他們明明說出父親的名字啊！」

「孩子，你過來。」母親溫柔地召喚他，接著將手上的兩張彩票放在檯燈下，一張號碼是三四八，一張是三四九，中獎號碼是三四八。

母親說：「你看，這兩張彩票有什麼不同？我看了好幾遍，終於看到彩票的一角上有用鉛筆寫的字，這個K代表凱特立克先生。」

「吉米‧凱特立克，爸爸交易所的老闆？」小柯似乎越聽越迷糊了。

「對。」母親仔細把前因後果說了一遍。

原來，小柯的父親當初幫吉米也買了一張彩票，但還沒有送去給吉米。如今，他原本選定的那張彩票沒有被抽中，反倒是吉米的抽中，再仔細一看，吉米的那一張似乎有被輕輕擦過的痕跡，上面則覆著淡淡的鉛筆印。

小柯心想，這有什麼關係，反正吉米又不知道，更何況他還是個百萬富翁，家裡原本就擁有了十幾輛汽車，一定不會在意這輛車子。

「媽咪，這車子應該歸爸爸！」小柯激動地說。

但是，母親仍淡淡地說：「你爸爸知道該怎麼做。」

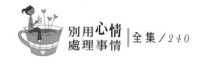

不久，他們聽見父親進門的腳步聲，接著又聽到他撥電話的聲音。第二天下午，凱特立克的兩個司機來到小柯的家，還送來了一盒昂貴的雪茄，接著便把車子開走了。

直到小柯成年，靠著自己的努力擁有了一輛車子後，仍經常想起母親的那句話：「一個人有骨氣，就等於有了一大筆財富。」他說：「我知道，當父親打電話給吉米時，當時確實是我們家最富有的時候。」

幸福快樂的秘訣就是靠自己的努力去獲得，而不是強求不屬於自己的東西。只要懂得放下慾望加諸自己身上的枷鎖，用心品味生命中的每個奮鬥過程，就能讓自己增添許多幸福感受。

對於小柯的母親所說的，「一個有骨氣的人，就算於是最富有的人」，相信沒有人會質疑，畢竟巧取豪奪而來的成就，原本就不是件光明的事，心中自然會產生陰影，無法感到安穩，生活又怎麼可能會感到安樂、富足呢？

其實，真正的富有真的不必要擁有，分享快樂與佔有快樂的最大差別在於，前者是由兩個以上的人所組成，而我們是享受在快樂的大環境中；而後者的快樂則僅止於一個人，甚至這份快樂是不能展露出來的，這樣孤獨的快樂想必是種痛苦。

能坦蕩選擇人生路的人，才能快樂前進，或許要面對慾望並克服它，不是件容易的事，但再強勢的慾念始終都操控在你的心中，只要你願意抵抗。

成功不是裝飾品

如果你的成功沒有人為你歡呼，你的喜悅沒有人與你一同分享，那麼，成功只不過是一個虛有其表的裝飾而已。

　　人在得意的時候，一不小心，很容易就被隨之而來的喜悅沖昏了頭，而忘了那些曾經幫助自己的人。

　　其實，成功之所以讓人喜悅，是因為有可以分享的人存在，如果只有自己一個人，沒有人為你的成功感到驕傲和歡呼的話，這種成功不僅孤獨，也失去了原有的意義。

　　一九四五年九月二日，美國五星上將麥克阿瑟在美艦「密蘇里號」上，代表盟軍簽署了日本的投降書。

　　簽字進行的時候，麥克阿瑟做出了一個讓人吃驚的舉動，他讓陸軍少將強納森‧溫斯特和陸軍中校亞瑟‧帕西瓦爾站在自己身後，一起接受這份最高榮譽。這兩位都是久經沙場的老將，一九四二年日本侵佔新加坡時，他們因為寡不敵眾，為了避免更多士兵無謂的犧牲而放棄抵抗，成為俘虜，簽字的時候，兩個人才剛剛從戰俘營裡被釋放，回到部隊。

　　接著，更令人驚訝的是，麥克阿瑟一共用了五枝筆來簽署美日兩種文字的投降書：第一枝筆在寫完一個字之後，就轉身送給

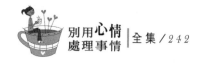

溫斯特，第二枝筆則在寫完另一個字之後送給了帕西瓦爾。

剩下的三枝筆，則在完成了投降的所有手續之後，分別贈送給美國政府檔案館、他的母校西點軍校，以及自己的妻子。也就是說，麥克阿瑟將他的成功，與所有幫助過他，以及有所貢獻的人一起分享。

許多心靈導師都教導我們消滅心中的敵人，也就是自私、猜忌、懷疑、吝嗇……等等負面情緒。

當然，要驅除這些負面情緒並不是一件容易的事，但卻是人生流程中的重要課題。只有驅除這些負面心理，人才能和別人分享自己的榮耀，使自己的成就更加璀璨亮麗。

人之所以想要成功，其中一個重要因是希望別人對自己刮目相看，另外一個原因，則是想讓家人和朋友為自己感到驕傲。

從這個角度來說，如果你的成功沒有人為你歡呼，你的喜悅沒有人與你一同分享，那麼，這個成功也就失去了原本該有的意義，只不過是一個虛有其表的裝飾而已。

有創意，也要有毅力

 除了對周遭的環境擁有敏銳的觀察力之外，堅持到底的毅力更是成功的關鍵，因為任何事情都必須先歷經失敗的磨練。

　　任何一種發明，出發點都是爲了滿足人類的需要，因爲想讓生活更便利，所以才有發明的動力，也才會有科技的產生。

　　不是只有科學家才能發明，如果你能隨時注意、觀察自己周圍的環境，找出大多數人共同的需要，你也能成爲一個發明家。

　　在美國的佛羅里達州，有一位名叫律薄曼的畫家，因爲沒有闖出名氣，生活過得很辛苦。律薄曼窮到沒有畫筆，只能依靠一枝鉛筆來畫畫，再加上這是他唯一的一枝鉛筆，他必須很珍惜地使用，到最後，鉛筆已經被削得不能再短了。

　　有一天，律薄曼畫畫時出現了一個錯誤，可是卻四處找不到橡皮擦，等到好不容易找到橡皮擦時，又忘記把鉛筆放到哪裡去了。於是，當他終於找到鉛筆時，爲了防止鉛筆和橡皮擦再度遺失，索性把橡皮擦用鐵絲綁在鉛筆的尾端。

　　這個方法雖然不錯，但是鐵絲並不牢固，橡皮擦鉛筆移動時仍然會一直掉落。律薄曼爲了解決這個問題，想了好幾天，試了各種方法，終於讓他想出了一個好主意。他放棄使用鐵絲，改用

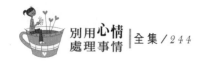
小塊的薄鐵片，然後把橡皮擦切成小塊放在鉛筆的尾端，再用鐵
片圍繞著包起來。

　　這項發明確實給他帶來了很大的便利，於是，他將這項發明
申請了專利，再把這個專利權賣給一家鉛筆製造公司。

　　就這樣，律薄曼因為自己的方便，而賺進了五十五萬美元。

　　創意，往往來自生活中的不便利。

　　日常生活也是如此，面對不如己意的情況，最重要的是讓自
己的心情保持平靜，想出解決的方法。

　　只要保持好心情，就不時會遇到好事情。

　　發明，是一分創意加上九分毅力。

　　發明家之所以能創造出這麼多便利人類生活的物品，除了對
週遭的環境擁有敏銳的觀察力之外，堅持到底的毅力更是成功的
關鍵，因為任何事情都不可能一步登天，必須先歷經失敗的磨練。

　　如果半途中就因為受不了困難而放棄的話，那麼再好的創意，
都只是一種想法而已，沒有落實的可能。

成功的大門，需要多敲幾下

雖然失敗不見得會帶來成功，可是至少是向成功更邁進了一步。不要害怕失敗，堅持到底，成功就在不遠處。

「失敗為成功之母」是句大家耳熟能詳的諺語，也是常常被用來勉勵失敗者再接再厲的箴言。

雖然成功的背後必定是曾經過失敗，但讓人洩氣的是，失敗卻不見得一定立即帶來成功。

因此，很多人在快要成功的時候，往往因為承受不了一再失敗的打擊，而決定退縮放棄，就這樣跟成功擦身而過了。

瑞典的化學家塞夫斯特穆，在一八三〇年發現了新的化學元素——釩。

其實，當初和他一起研究的，還有他的好朋友維勒，可是維勒受不了一再失敗的打擊，中途退出了研究。

塞夫斯特穆仍然繼續堅持，最後終於獲得成功。

在發表這個重大發現的時候，塞夫斯特穆以輕鬆風趣的筆調，像童話一般地寫出自己的感言：「在宇宙的極光裡面，住著一位漂亮又可愛的女神。有一天，有人來敲女神的門，因為女神正在忙，所以沒有應門。女神正等著那個人再來敲門，可是這個人只

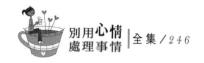

敲了一次，就離開了女神的家。女神心想：『這個匆匆忙忙的冒失鬼，一定是維勒！』其實，如果維勒再敲一下，不就可以見到女神了嗎？」

「過了幾天，又有人來敲女神的門。這個人很固執，一次敲不開，就一直繼續地敲下去，最後女神終於開了門，發現是塞夫斯特穆。塞夫斯特穆見到了女神，釩就因此產生了。」

雖然失敗不見得會帶來成功，可是至少代表著向成功更邁進了一步。

愛迪生在發明電燈泡時，曾遭遇數千次的失敗，可是他仍然樂觀地說：「至少我知道這幾千種方法都是不對的。」

塞夫斯特穆和愛迪生的故事在在告訴我們，不要害怕失敗，只要堅持到底，成功就在不遠處等著你。

其實，想要衝破眼前的橫逆，突破困境，並沒有想像中那麼困難，只要懂得用快樂的心情去輕鬆面對困境，那麼你就會恍然發現，原來不費吹灰之力，就可以穿越原本被自己想視爲銅牆鐵壁的困境。

關懷，是最強大的力量

愛的力量是不容忽視的，不要忽略你心中的愛，也許有那麼一天，它會在你身上產生出意想不到的神奇力量。

愛的力量是非常神奇的！許多實際案例都告訴我們，只要心中充滿了愛，不可能的事情往往都會變成可能。

愛的種類和範圍是無所不包、無所不在的，也正因為有這麼多愛的存在，世界才會充滿溫暖，不因人類的貪婪和私慾而變得冰冷黑暗。

美國一位社會學教授，帶著他的學生到一個黑人貧民窟進行調查研究，其中一個研究主題，就是對該區兩百名黑人小孩的前途進行預測。

學生們都以十分認真的態度來研究這個主題，經過不斷地調查和精密統計之後，報告終於完成了！

但是，結果十分令人沮喪，因為兩百名孩子幾乎沒有例外，一致被認定為「一無是處」和「無所作為」。

四十年之後，當年提出這個研究的教授早已去世了，有天他的一位學生從檔案裡發現了研究報告，在好奇心驅使下，來到當年的調查地點，比較調查結果是否跟事實吻合。

　　他很驚訝地發現：當年接受調查的兩百名孩子中，除了二十名已經離開這裡，不知去向之外，其餘一百八十名孩子大都有相當不錯的成就。

　　他們之中不乏銀行家、商人、律師和優秀的運動選手，而對於目前所擁有的一切，那些已長大的孩子們都說，他們最感謝當地的一位小學老師。

　　調查者找到了這位小學老師，並且詢問她是用什麼方法，讓這些孩子都能獲得目前的成就。這位已經上了年紀的老師只是微微笑，溫柔地說：「因為我愛這些孩子。」

　　法國思想家蒙田在《隨筆》裡寫道：「生命的用途，並不在長短，而在我們用什麼態度去經營它。」

　　生命究竟有沒有意義，很多時候決定權就在我們手上，只要懂得用自信的態度面對自己，用包容和愛心面對別人，生命就會激發更多奇蹟。

　　因為心中有愛，所以這個老師才能將任何人都不抱希望的孩子，教導成對社會有貢獻的人。

　　放下那些偏執認知與負面思維，愛的力量是不容忽視的，不要忽略你心中的愛，也許有那麼一天，它也會在你身上產生出意想不到的神奇力量。

小地方，往往藏著大契機

只要你對周遭生活保持關心，也許有一天，你
也能從中挖掘出讓你致富的契機。

一個人能不能成功的關鍵，有時候只不過是一個小小的契機
而已。

如過你適時掌握了這個契機，你就有成功的希望；如果錯失
了，成功也就這麼和你擦身而過了。

所以，千萬不要忽略生活中的瑣碎小事，因為這些瑣碎小事，
很可能正隱藏著讓你成功的契機。

基姆‧瑞德原本從事的是打撈沉船的潛水員工作。

有一次，他正在打高爾夫球的時候，偶然看見一顆高爾夫球
因為揮桿者的失誤而掉進水池裡。

在球沉入水中的那一瞬間，一個賺錢的機會忽然竄進他的心
裡，於是立即向高爾夫球場申請，讓他穿著潛水服潛進水池中。

當他進入水池後，既興奮又驚訝地發現，水底竟是白茫茫的
一片，原來水池底部堆積著成千上萬顆因失誤而掉入水中的高爾
夫球，而且這些球絕大部分跟嶄新的沒有兩樣。

球場的經理知道這件事之後，答應用十美分一顆的價錢向基

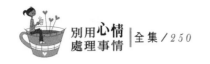

姆收購，才一天的時間，基姆就從水中撈出了兩千多顆小白球，得到的報酬相當於他一個星期的薪水。

後來，基姆決定將這個行業擴大，開始僱請幫手，一方面從水中撈球，另一方面則負責清洗這些球，並且將它們重新噴漆包裝，然後按照新球價格的一半出售。

其他的潛水員知道基姆的舉動之後，也紛紛加入了這個行業，使從事這項工作的潛水員開始多了起來。

基姆看到這個情形，乾脆成立一家公司，專門從這些潛水員的手中收購舊球，每顆球的收購價格是八美分。

到目前為止，每天都有八萬到十萬顆沉入水中的舊高爾夫球，被送到他設在奧蘭多的公司。現在，基姆的舊高爾夫球回收公司一年的總收入，已經達到了八百多萬美元。

不積極運用腦力去力爭上游的人，人生就會逐步向後倒退，注定一生只能在地上匍匐爬行，離成功的目標越來越遠。

不管任何人，只要滿足於自己的現狀，不肯多觀察週遭的變化，那麼他的人生就會原地踏步，無法再向前多邁進一步。

一個不經意的想法，讓一顆顆原本毫不起眼的高爾夫球，為基姆創造出驚人的財富，說明了我們的日常生活裡，處處都存在著能夠創造財富的機會，關鍵就在於你是否發現了它們。

當你還在為奔波勞累的生活抱怨不休時，何不靜下心來，試著從小地方尋找大契機。

只要你對周遭生活保持關心，再活用自己的聯想力，也許有一天，你也能從中挖掘出讓你致富的契機。

動腦的時候，別忘了動手

無論多完美無缺的計劃，如果缺乏實際的行動力，那麼也只是一座虛幻的空中樓閣，雖然很美，可是毫無用處。

「坐而言不如起而行」是大家都知道的道理，可是，卻不是每個人都做得到。因為，大多數人的通病都是坐在椅子上，用腦袋和嘴巴計劃美好的未來，而不是用雙手，一步一步地把美好的藍圖實現。

有一座神秘的聖殿坐落在河的對岸，許多人都想渡過這條大河，進入聖殿參拜。但是，這條河非常地湍急險峻，河面上又沒有現成的橋樑，也沒有擺渡的小船，所以大多數人都只能站在河邊，徒然遙望著對岸的聖殿。

有一天，一個愚者走到河邊，絲毫不畏湍急的河水，只是一心想著要渡過這條河，到對面的聖殿參拜。於是，他開始在河邊四處尋找，終於在旁邊的草叢中發現一根圓木和一根木棍。

愚者就以圓木為船，木棍當槳，小心翼翼地渡過湍急的河水，終於抵達對岸，到了那座神秘的聖殿面前。

愚者到達聖殿之後，只見厚重的大門被鐵鎖牢牢地鎖住，讓他無法從大門進入。這時，另外一扇大窗成了唯一的出入口，但

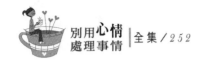

是大窗看起來好像也被鎖住了。

愚者只好在聖殿外面徘徊，左顧右盼了半天，仍然找不到可以進去的方法，最後決定放棄，離開這裡。

過了沒有多久，有一個智者也想到聖殿去參拜。

他在河邊發現了愚者留下來的圓木和木棍，也用同樣的方法，渡過了這條大河。

到了對岸之後，智者遇到了和愚者相同的問題，所有門窗都是關閉的，但不同的是，智者並沒有跟愚者一樣放棄，而是伸出雙手，用力地推著窗戶。

剎那間，看起來原本毫無縫隙的窗戶，竟然就這樣被推開了！而這位智者也成為第一個到聖殿參拜的人。

當代激勵大師馬爾騰曾經勸告我們：「應該發揮本身的聰明才智，去克服自己所遭遇到的種種困難。如果人遇到困難之時，不懂得運用腦力為自己創造奇蹟，那麼，就無異是屈服命運的低等動物。」

無論多完美無缺的計劃，如果缺乏最實際的行動力，充其量也只是一座虛幻的空中樓閣，雖然很美，可是毫無用處。

有想法，也要有做法。想要讓自己的成就完美，就必須確切地執行，忍受現實帶來的失敗和挫折，如此一來，成功才會更真實，而且更有意義。

珍惜時間，成功才會屬於你

成功並不是匆匆飛逝的，只不過它願意等待的
對象，是那些願意花時間努力的人。

歷史上所有傑出的成功人士，共通的特質就是認真活在當下，
並且在有限的時間內發揮最大的力量。

因為，成功的背後，是許多困難和挫折的累積，如果你無法
在有限的時間內一一加以克服，那麼成功當然也就不屬於你了。

法國名作家巴爾札克的作息十分規律，而且相當嚴格地遵循
自己制定的作息時間。他的作息表是這樣安排的。

早上八點一直到下午五點：除了早餐和午餐之外，其餘時間
都用來從事校對和修改自己的作品。

下午五點到晚上八點：晚餐時間過後，外出辦理一些作品出
版之類的事務，跟親朋好友的聚會也都訂在這個時段之內；在他
的規劃中，這段時間是屬於個人的休憩時間。

八點回到家後，隨即上床就寢，半夜十二點的時候準時起床。
這一段時間是巴爾札克用來寫作的黃金時間，就這樣一直寫作，
直到第二天的早上。

巴爾札克每天只睡四個小時，雖然居住在繁華的巴黎，但是

他仍然能夠拒絕巴黎的喧囂和誘惑。正因為如此嚴格要求自己，在他有生之年，總共完成了九十六部小說，還撰寫了一部劇本《人間喜劇》。

巴爾札克一生最大的志願是用筆征服拿破崙不能征服的地方。最後，他也完成了這項志願。

正因為巴爾札克認真活在當下，能夠善用自己的時間，所以他才能完成這麼多的傑作，得到諾貝爾文學獎的肯定，並且流芳百世。

從許多名人的奮鬥過程，我們可以知道，成功並不是匆匆飛逝的，只不過它願意等待的對象，是那些願意花時間努力的人。

如果你只會坐而言，放任時間一分一秒地流逝，那麼成功對你而言，將永遠是一個無法得到、遙不可及的夢想。

用幽默化解自己的窘迫

當你發送了一顆微笑因子，傳達至每個人的心裡，你會發現，只要還能笑得出來，事情根本沒有那麼嚴重。

無論發生任何困難，歡笑永遠是最有效的解藥，只要願意放下高傲、怒氣與尷尬心理，事情就沒你想的那麼難處理。

是的，凡事都沒有你想像中那麼嚴重；只要還懂得笑，還可以保持一分喜樂的心情，再怎麼嚴重的大事，都可以變得雲淡風輕。

當年雷根總統執政時，有一次在白宮舉行鋼琴演奏會招待來賓。正當雷根總統在致辭時，總統夫人南西一個不小心，連人帶椅子由舞台上跌到台下。全場來賓都站起來驚呼，有的人顧著看熱鬧，有的人急著上前關切總統夫人的傷勢。

還好，地上舖了一層厚厚的地毯，南西以優雅的舉止掩飾自己的疼痛，立刻靈活地站起來，重新回到舞台上去。觀眾又疼惜又佩服，以熱烈的掌聲為她打氣。

中斷了演講的雷根總統，確定夫人沒有受傷後，清了清喉嚨說：「親愛的！我不是交代過妳，只有在觀眾忘了給我掌聲時，妳才需要做這種高難度的表演嗎？」

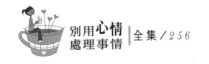

台下掌聲如雷，雷根總統成功地把夫人「不小心的意外」美化成「娛樂觀眾的表演」，也讓大家對雷根總統的幽默留下深刻的印象。

又有一次，加拿大總統杜魯道邀請雷根總統到加拿大訪問。

正當雷根總統在多倫多的一處廣場上演講時，不遠處有一群示威遊行的民眾，不時高呼著反美口號，罵聲隆隆，噪音震天，使得雷根總統的演說無法繼續下去。

這種場面讓杜魯道總統十分尷尬，貴賓遠道而來，「歡迎」他的竟然是這種場面；杜魯道總統恨不得能馬上挖個地洞鑽進去，頻頻向雷根總統表示無限的歉意。

沒想到雷根總統卻說：「這種情況在美國比比皆是，屢見不鮮。這群人一定是從白宮前面一路隨我來到這裡的，他們是想讓我有賓至如歸的感覺，覺得來到這裡就像是回到家裡一樣。」

這麼一句玩笑話，輕鬆地化解了杜魯道總統的尷尬，為美國的外交再一次締造佳績。

雷根總統用幽默來化解危機，那你呢？

或許，我們沒有古今名人的聰明機智，也沒有政治人物的無礙辯才，但是我們有嘴巴，也有表情。即使沒有妙語如珠的臨場反應，我們仍可以用微笑來表示我們的不介意，甚至哈哈大笑來取代場面的尷尬；就算你自認口才不好，笑一笑你總該會吧！

人與人之間什麼都很容易擴散，當你發送了一顆微笑因子，沒蓋你，這顆微笑因子馬上就會散佈到空氣中，傳達至每個人的心裡。你會發現，只要還能笑得出來，事情根本沒有那麼嚴重。

差一步，其實差很多

沒有人會希望別人對自己存著「沒關係，反正
都差不多」的敷衍態度，不過一旦事不關己，
大多數人卻是抱持著這種想法。

胡適的作品〈差不多先生〉，以諷刺的筆法，說明中國人在
待人處事上的輕率態度。但是時至今日，當年胡適筆下的「差不
多先生」，卻依然充斥於現代社會之中。

儘管敷衍了事是人的劣根性，可是，在這個競爭激烈的現代
社會裡，如果你一味抱持著「差不多就可以」的心態的話，那麼，
恐怕你也「差不多」要面臨淘汰的命運了。

期中考過後，小明帶著英文考卷回家請爸爸簽名。爸爸看了
看上面的分數，覺得六十九分雖然不很理想，但也還算可以接受，
簽完名之後，就順便把考卷拿給小明的媽媽看。

媽媽仔細地看試卷了之後，非常不高興地把小明叫到面前，
指著試卷上的題目對他說：「這一題這麼簡單，你怎麼會寫錯呢？
寫對的話不就有七十分了嗎？這分明是你沒有仔細檢查，真是太
粗心大意了。」

「哎呀，因為題目太多了嘛！」小明不懂媽媽為什麼那麼不
高興，笑笑地對媽媽說：「時間不夠，所以才來不及檢查。」

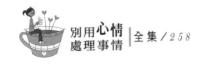

　　爸爸也在旁邊幫他緩頰，說道：「不要對孩子太嚴厲了。只不過少一分而已，沒有關係啦。」

　　「誰說少一分沒有關係？」

　　媽媽很嚴肅地對爸爸和孩子說：「以前，爸爸參加大學聯考的時候，如果成績少了一分，就不會考上大學；考不上大學，就不會跟我成為同班同學；沒有跟我成為同班同學，就不會認識我；不認識我，就不會和我結婚；不和我結婚，就不會有你。」媽媽接著說：「所以，這是很嚴重的問題，怎麼可以說少一分沒有關係呢？做人做事，是不可以這麼馬虎隨便的！」

　　沒有人會希望別人對自己存著「沒關係，反正都差不多」的敷衍態度，不過一旦事不關己，大多數人卻是抱持著這種想法。

　　其實，對一個想在短暫人生中獲得成功的人而言，這種「雙重標準」正是一個非常大的阻礙。

　　成功不是一蹴可幾的事情，也不可能單憑運氣，如果你想要成功，就得設法改變自己的心態。請先將「差不多，沒關係」改成「差一點就差很多」，因為這一步，可能就是你成功的關鍵。

　　必須記住，成功與失敗往往只有一步的差距，差一步其實差很多。

保持理智，事情才能控制

碰到不理智的要求時，千萬要冷靜面對，

否則事情的發展很容易超出自己所能控制的範圍，

千萬別因一時衝動而犯下大錯。

誠實是成功最重要的礎石

美國總統林肯曾經在演說時強調：「你可以在所有時候欺騙某些人，也能在某些時候欺騙所有的人，但不能在所有的時候欺騙所有的人。」

誠實是成功最重要的礎石，不管做什麼事，倘使不誠實地對待別人和自己，一切都會淪為夢幻泡影。

一個不誠實的人無法獲得他人的信任，更遑論尊重和幫助了。

生活在現代社會，人很難離群索居，在通往成功的道路上也很難不尋求別人的援助，因為，個人的能耐終究有限，必須借助群體的力量才能發揮出無堅不摧的效用。

因此，得不到別人信任的人，只會離成功越來越遠。

日本著名的企業家吉田忠雄以製造YKK拉鍊奠立了自己的事業基礎，當他在回顧自己創業成功的經驗之時，曾經語重心長地說：「不管經商或是待人處事，最重要的原則就是一定要誠實，因為，只有誠實的人才會贏得別人的信任。」

創業之前，吉田忠雄曾經在一家小電器商行當推銷員。剛開始，他在推廣業務方面四處碰壁，進行得相當不順利，有很長一段時間都沒有什麼起色，然而他並不灰心喪志，還是耐心挨家挨戶從事推銷工作。

後來，他終於成功地推銷出了一種新型的刮鬍刀，短短幾天之內便和許多位顧客完成交易，業績突飛猛進。

但是，不久之後他卻從同業口中得知自己推銷出去的刮鬍刀，價格要比其他推銷員來得高，這項訊息使他深感不安。

經過深思熟慮之後，他決定一一登門向這些客戶道歉，並且主動退還差額給他們。

他這種誠實不欺的作風，使得客戶們大受感動，從此成了他的忠實顧客，除了定期訂購他推銷的產品之外，也為他介紹了許多新客戶。

這個轉折點使得吉田忠雄的業績直線上升，不但獲得更豐厚的收入，也為他日後自己創業建立了廣泛而良好的人脈基礎。

美國總統林肯曾經在演說時強調：「你可以在所有時候欺騙某些人，也能在某些時候欺騙所有的人，但不能在所有的時候欺騙所有的人。」

吉田忠雄之所以能成為成功的企業家，在日本產業界佔有舉足輕重的地位，除了本身鍥而不捨的奮鬥努力外，客戶因為信賴而不斷幫助他，也是相當重要的因素。

吉田忠雄能獲得那麼多人的協助，關鍵只是因為他是個誠實的人，值得客戶信任，由此可見誠實的重要。

千萬別忽略誠實的重要，誠實是為人處世應該具備的基本品德，也是判斷一個人是否能成功的觀察指標。

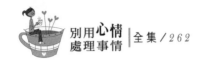
別讓焦慮影響自己的實力

相信許多人都有這樣的經驗，平常練習時都非
常順利，可一旦要上場應試，所有的練習似乎
都忘光了，事後當然對自己表現不佳感到懊惱。

　　既然選定了自己的道路，該做的事就儘管放手去做。不論過
程存在多少艱辛，不論做得好不好，至少你已經往目標踏出第一
步。面對人生的各項競賽，只有用平常心克服緊張情緒，任何事
才會如你所預期的一樣，自自然然地完成。

　　球王比利是世界聞名的足球明星，但是，當年他得知自己入
選爲巴西最有名氣的桑托斯足球隊時，卻緊張得一夜未眠。

　　那天，他翻來覆去地想著：「那些著名球星們會不會笑我？
萬一在球場上發生尷尬的情形，我怎麼有臉回來見家人和朋友？」

　　他甚至還胡思亂想起來：「那些球星就算願意跟我踢球，其
實也只是想用他們絕妙的球技，來對比我的笨拙和愚鈍而已。如
果他們真的在球場上戲弄我，把我當笨蛋似地耍弄的話，我該怎
麼辦？」

　　一種前所未有的懷疑和恐懼，使比利一整夜輾轉難眠。因爲
他完全缺乏自信，明明已經是球隊裡的佼佼者，卻依然充滿憂慮
和自卑。比利終究得到桑托斯足球隊來面對一切，但是緊張和恐

懼的心情，始終無法完全克服。

「開始練球時，我也嚇得快要癱瘓了。」他就帶著這樣的心理，在這個著名的球隊裡，開始了他的足球生涯。

本來，他以為剛進球隊，教練應該只會讓他做一些盤球、傳球等基本練習，再來就是準備當板凳隊員。但是，沒想到第一場球賽，教練就讓他上場踢主力中鋒。

當時比利緊張得還沒回過神，雙腳就像長在別人身上似的，每當球滾到他身邊，他都覺得是別人的拳頭要朝他攻擊一樣。

幾乎是被硬逼著上場的比利，不顧一切地在場上奔跑之後，開始慢慢地投入，忘了是誰在跟他踢球，甚至還到了渾然忘我的境界，每一個接球、盤球和傳球，都是非常自然而暢快的。

等到比賽快要結束時，他幾乎已經忘了自己是桑托斯球員，以為仍在故鄉的球場上練球一樣。而那些讓他充滿畏懼的足球明星們，沒有一個人輕視他，反而對他相當友善。

這時，比利才了解，如果自己的自信心若能強一點，那麼也不必受那麼多的精神煎熬了。

比利之所以會緊張、自卑，完全是把得失看得太重的原因。只顧慮別人如何看待自己，而忘了如何充分發揮自己的實力，因此導致怯懦和自卑，還差點淹沒了他所具有的活力和天賦。

相信許多人都有這樣的經驗，平常練習時都非常順利，可一旦要上場應試，所有的練習似乎都忘光了，事後當然會對自己表現不佳感到懊惱。

其實，這些都是太過緊張或得失心太重所引起。建議你，在能力訓練之時，也要加強訓練泰然自若的心態。

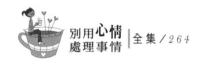
別忽略了你看不到的潛能

能發現自己的能力，才能給自己更多自信；能
發現別人的能力，也才能給自己學習的機會。

生活究竟是痛苦的折磨，還是愉快的享受，其實全在於我們的抉擇。

無論你目前的際遇如何，如果你既不知道自己的人生該往何處走，也不知道眼前遭遇的痛苦其實是培育幸福的肥料，那麼，你自然無法發掘自己的潛能，當然也就無法克服難關。

很多人總是挖空心思想看別人的缺陷，或是垂頭喪氣地看著自己的不足，殊不知欣賞自己，或是學習別人的優點，才能讓自己有更多進步。

有一個人來到微軟公司，準備找一份清潔工作。經過了面試和實際打掃廁所等測驗之後，人事部門通知他被錄取了，接著便向他詢問 e-mail 地址，以便寄發錄取通知單和其他文件。

這時候，他卻搔著頭說：「可是，我沒有個人電腦，也沒有 e-mail。」

人事部門不悅地告訴他，在微軟公司工作，不管是什麼樣的階層，沒有電腦就等於沒有工作能力一樣，於是他就這樣被取消

錄取資格了。

他非常失望地離開微軟公司，為了討生活，只好拿著口袋裡剩下的十塊錢美金，到一間便利商店買了十公斤的馬鈴薯，接著硬著頭皮，挨家挨戶地推銷這些馬鈴薯。

沒想到，兩個鐘頭後他全賣光了，而且獲利達百分之百。

之後，他又用這些資金買了其他的商品，而且同樣地又賣光了，獲得的利潤愈來愈高，他這才發現，原來這樣也可以賺錢養活自己。

於是，他開始認真地做起生意來了。

一點天助自助的運氣和百分之百的努力，讓他的生意越做越大，不僅買了幾部貨車，還僱請了好幾個員工來幫忙自己。

五年後，他建立了一個很大的宅配公司，讓大家只要在家門口，就可以買到新鮮蔬菜的服務。

在事業逐漸穩定時，他為了讓家人更有保障，便買了一份保險。簽約，時業務員向他要 e-mail，他仍舊回答說：「我沒有個人電腦，更別提 e-mai 了。」

業務員聽了很驚訝地說道：「您擁有這麼大的公司，怎麼會沒有 e-mail？想想看，如果你有個人電腦和 e-mail，豈不是可以做很多事！」

他只是微微笑，並回答說：「是啊，不過我也可能因此而成為微軟的清潔工了！」

非常有意思的小故事，不是嗎？

只要相信自己的能力，知道自己的能力所在，能看見每個人平凡中的不平凡，那麼不論你扮演什麼樣的角色，都能成為其中

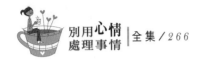
的佼佼者。

　　遇到不如意的事情，與其生氣、埋怨，倒不如試著將它當成對難得的磨練，從中發掘被自己忽視的潛能。

　　能發現自己的能力，才能給自己更多自信；能發現別人的能力，也才能給自己學習的機會。

　　所以，成敗的關鍵，不在外在條件優秀與否，也不在於是否擁有某些工具，而是每個人身上不易發現的潛在能力。

控制情緒，情誼才不會離去

別因為一時的情緒而造成一生的傷害，否則等
到人事已非，就只能徒留傷悲，想要挽回也來
不及了。

　　小不忍則亂大謀，衝突往往源自於情感的無所節制，只知任
意宣洩。

　　喜怒哀樂的情緒是正常人會有的自然表現，但是若無法適可
而止，不懂得適度調節，一旦勃然大怒，就會一發不可收拾。

　　處於憤怒情緒中的人，會失去原有的判斷力和理智，容易釀
出事端來。因為「感情用事」而導致失敗的例子太多了，不論是
辦公處事或待人接物都是相同的道理，因此我們必須要有自我控
制情緒的能力。

　　美國總統華盛頓威嚴的外表下隱藏著容易衝動的個性。

　　曾經有人這麼說過：「如果華盛頓出生在森林裡的話，一定
會成為食人族中最兇猛的一個。」

　　華盛頓也非常了解自己的問題，因此嚴格地控制自己容易激
動的性格，從小學就開始懂得約束自己的脾氣，畢生不斷地努力
控制自己的情緒。也因為這樣，他對外表現出來的，都是沉著的
一面。

　　一七五五年競選維吉尼亞州議會議員時，當時二十三歲的華盛頓是一位上校。他對一位脾氣暴躁、身材矮小的對手潘恩說了幾句侮辱的話，潘恩氣得用一根核桃木手杖把華盛頓打倒在地。

　　在旁的軍人見狀衝了過去，準備替華盛頓教訓潘恩。華盛頓卻心平氣和地從地上爬起來，告訴軍人們他自己能處理好這件事。

　　第二天，華盛頓寫信邀請潘恩到一家酒店談話，潘恩以為華盛頓會要求自己道歉或者向他提出決鬥。

　　但出乎意料的，華盛頓卻向潘恩表示歉意，希望他對自己所說過的話不要計較，並主動伸出手與潘恩握手言和。

　　托爾斯泰與俄國大文豪屠格涅夫是好朋友，但是，他們之間卻因為一次孩子式的爭執，有十七年互不往來，險些斷送了友誼。

　　事情發生在一八六一年屠格涅夫剛完成長篇小說《父與子》時。當時屠格涅夫邀請托爾斯泰前往他在斯巴斯科的鄉村別墅渡假。托爾斯泰一到別墅，便受到屠格涅夫的熱情歡迎和殷勤款待，愉快地度過每一天。

　　就在某一天的午後，屠格涅夫慎重地拿出自己的新作，請托爾斯泰不吝指教。

　　托爾斯泰當然義不容辭，在客廳的沙發上讀了起來。

　　可是，才翻沒幾頁，他就感到索然無味，認為情節毫無特別之處，加上剛吃完午飯使得他昏昏欲睡，索性扔下書稿，躺下來閉目養神，不一會兒工夫便睡著了。

　　屠格涅夫見到這樣的情況，認為托爾斯泰不重視自己的作品，有輕視之意，因此心中十分不快。

　　隔天，為了一件小事兩個人起了爭執，最後還大打出手。盛怒中的屠格涅夫想起昨天托爾斯泰對待自己作品的態度，衝動之

下就寫了一封斷交信給托爾斯泰，從此兩人互不往來。

直到一八七八年，托爾斯泰主動寫了一封信給屠格涅夫，懇請他原諒自己當年的失禮。此舉讓屠格涅夫大為感動，立即回信表示願意寬恕並和解，兩人這才和好如初。

愛發脾氣的人大都性情急躁，相對的個性也比較單純，因為不善於掩飾，所以容易發火。若知道自己有這方面的問題，為人處世就該比一般人更加小心，因為這種脾氣太容易惹禍上身。

華盛頓深知自己的脾氣不好，才會一再提醒自己必須控制情緒，並且在盛怒之下對即將爆發的脾氣喊停，以避免得罪他人，引起糾紛。畢竟，少一個敵人就是多一個朋友。

托爾斯泰與屠格涅夫就是因為一時衝動，差點斷送可貴的友誼，直到多年後因為一方先讓步，才使得那份友誼得以維繫，留下一個快樂的結局。

別因為一時的情緒而造成一生的傷害，否則等到人事已非，就只能徒留傷悲，想要挽回也來不及了。為了不使自己的一生留下遺憾，在情緒激動時，千萬不要輕舉妄動，將這份激動的情緒壓抑下來，讓彼此冷靜一下，才能避免令人後悔的事發生。

學問無法用文憑驗證

對於同一件事情，每個人會有不同的看法和處理方式，不能單從自己的觀點下權威性的結論，全盤否定對方的意見。

　　有許多描寫天災的災難片，都會有「無名英雄」的片段。通常最先發現颶風、地震、豪雨等災害即將到來的人，往往是個無名小卒，或者是個不受重視的研究者。當他們將這些訊息透露給所謂的「專業人士」時，往往遭到反駁與奚落，直到災難發生了，才又靠這些無名英雄來解救全人類。

　　許多學者由於專業知識的限制，很容易讓思考模式拘泥在某一個領域，而看不到全局也看不到其餘該注意的地方。

　　每個人的人生歷練都不同，所學所聞也有所差距。別讓自己的專業成為一道牆，阻隔了學習的機會。

　　三位非常有學識的大學者想到遠方旅遊，他們請了一個經驗豐富但是沒有讀過什麼書的導遊為他們帶路。

　　有一天，他們來到一座茂密的森林裡，走著走著，發現一堆野獸的骸骨。三個學者就想利用這堆骸骨檢驗彼此的學識。

　　第一個學者立即將這些骨骼拼湊起來，組成一具骨架；第二個學者接著動手，使白骨重新長出了骨髓、肌肉、血液和皮膚。

看著前面兩個人的傑作，第三個學者也不甘示弱地準備大顯身手，說道：「我可以吹一口氣使牠復活！」說完，便走上前去，準備吹氣。

從頭到尾都在一旁觀看的導遊，突然上前阻止第三個學者：「你不能使牠復活，你難道沒發現這是頭獅子嗎？」

第三個學者生氣地說：「我當然知道這是頭獅子。倒是你，一點知識也沒有，憑什麼阻止我？你還是閃一邊去，安靜地看我大展身手吧！」

那人沒有辦法，只好說：「那請你稍等一下！」說完，便趕緊爬到一棵大樹上。

第三個學者先得意地看看同伴，然後走到獅子旁邊輕輕吹了一口氣，獅子竟然真的復活了。

兇猛的獅子看到面前站著三個人，隨即大吼一聲，猛撲過去將他們全部咬死，速度快到三個學者連逃跑的機會都沒有。

獅子走了之後，那位導遊才慢慢從樹上爬下來，悲傷地看著地上的三名死者，帶著遺憾離去了。

學者的能力或許了不起，可以讓一堆殘骸回復成一頭活生生的獅子，但是，他們卻沒有辦法讓自己起死回生。

由於自大，不聽他人勸告而讓自己陷入困境的例子多不勝數。每個人因為所學不同，看事情的角度自然也不一樣。對於同一件事情，會有不同的看法和處理方式，各有所長，不能單從自己的觀點下權威性的結論，全盤否定對方的意見。尤其是以「學歷」來判斷一個人的價值，更是要不得。

或許，一個文盲連自己的名字都寫不出來，可是卻能種出一

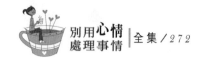
排又一排豐碩的稻穗，並且知道何時該施肥、灌溉，甚至能觀察出起風和下雨的時間，做好防護措施。誰說文盲就代表什麼都不懂呢？

　　做任何事之前，要想得到最客觀的意見，必須放下自恃的權威，以開放的心胸參考他人以生命經驗累積而來的看法，總結得出的做法才最有用處。

保持理智，事情才能控制

碰到不理智的要求時，千萬要冷靜面對，否則
事情的發展很容易超出自己所能控制的範圍，
千萬別因一時衝動而犯下大錯。

　　露西·蒙哥瑪利筆下的紅髮安妮是個個性衝動，禁不起刺激
的女孩。有一次因為同學的嘲弄，她為了證明自己也「辦得到」，
竟然爬到屋頂上行走。結果不小心跌下來，所幸只是扭傷腳。

　　這不禁讓人思考，逞強能不能和冒險及勇敢畫上等號呢？

　　電視節目播出特殊畫面時，往往會加上一行警告標語：「危
險動作，請勿模仿！」許多高難度的動作，看似簡單的表面背後，
其實經過無數次的練習。

　　冒險能開拓新機會，但同時也存在著風險，必須經過事前精
密的思考和完善的準備，因此可以算是一種勇敢。至於逞強，則
是不經大腦思考的莽撞，後果當然也不會太好。

　　美國華盛頓州有個名叫喬治的二十一歲年輕人，為了在同伴
面前展示自己的「勇敢無畏」，竟然和自己在沙漠中抓到的劇毒
響尾蛇「接吻」，結果不幸被那隻「獸性大發」的「寵物」一口
咬中了嘴唇。

　　「勇敢的」喬治被緊急送到醫院治療。

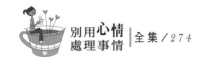

事情的經過是這樣的：喬治向一幫朋友介紹他從美國南部亞利桑那州沙漠地區捕獲的新「寵物」———一條兩尺多長的響尾蛇。

他還誇張地吹噓自己捕蛇的本領，表示任何蛇都不怕，蛇反而還會怕他，並且會乖乖地聽從他的指示。

為了證明自己和這位「新朋友」的親密無間，喬治竟然把冷冰冰的毒蛇拿起來親吻了一下。

旁邊的的朋友立刻被嚇得目瞪口呆，連連要求他：「別再幹蠢事了。」

喬治卻笑瞇瞇地說：「沒事沒事，我們經常接吻。」

隨後喬治又把蛇拿起來親了好幾下。就在大家驚訝不已的時候，這條「飽經騷擾」的毒蛇似乎突然「失去了理智」，乘主人不備，猛地張開血盆大口朝著喬治的臉上撲去，並狠狠地咬了喬治上唇一口。

只聽到「哎呀」一聲慘叫，喬治把蛇扔在地上，手摀著嘴巴倒了下去。一旁的朋友趕緊七手八腳將他扶起來，先做簡單的急救處理，接著再小心地用牛仔靴將毒蛇踩死。

在等待救護車到來的短短幾分鐘內，喬治的臉早已腫脹得像氣球一樣了。

還好朋友處理得當，並及時送醫，喬治才撿回一條命來。

前一陣子有位馴蛇人，在表演與蛇親吻時，不小心被眼鏡蛇咬中舌頭，還好緊急就醫，才保住一命。這些馴蛇人長年與蛇相處，都會被蛇反噬，何況是喬治這種一時興起的玩票寵物呢？

有些人天生愛說大話，真要去做時，膽小一點的會落跑；禁不起刺激的，只能硬著頭皮上場。或許真的有好運氣能讓他做到，

然而凡事都有意外，再有把握的事情都有可能出錯了，更何況是逞一時之勇？

美國政治家富蘭克林說：「假使你不聽從理智，它就必得斷你的手指，好叫你特別的注意。」

當我們碰到對方提出不理智的要求，或者刺激自己的痛處時，千萬要冷靜面對，否則事情的發展很容易超出自己所能控制的範圍。千萬別因一時衝動而犯下難以彌補、使自己後悔不已的大錯。

此外，也必須切記：「吹牛會把自己吹倒，逞強則會使人得不償失。」

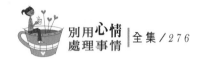

別在同一個地方跌倒兩次

那些經常受騙上當的人，其實比任何人都要聰明，只不過他們老是計算過了頭，卻總是反過來算計了自己。

人們之所以經常在相同的地方再跌倒，原因幾乎都在一個「貪」字。

為了多一點財富及享樂，人們的心眼經常被貪欲蒙蔽，不僅模糊了前進的方向，更讓人忘了昨天曾經在此跌倒過。

我們都很清楚，「貪念」是讓人一再上當的主因，這種情況並不少見，就像現實生活中層出不窮的受騙事件，因為克制不了心中的貪念，而讓真鈔變白紙的新聞案件一再發生。

因為填滿不了心中的無底洞，許多人一再地誤入歧途。

有一頭病重的獅子躺在山洞裡不住哀嚎，因為牠病到無法出去捕捉獵物。這天，狐狸正巧來探訪牠，獅王連忙哀求著：「親愛的朋友，請你到森林裡幫我找點食物來，我現在好想吃肉鹿啊！」

狐狸毫不猶豫地答應了，並且迅速地來到森林中，對正在吃草的鹿兒說：「恭喜你啊！鹿先生，你知道嗎？獅王就快要死了，牠剛剛宣佈，要請你接替牠的王位呢！希望你記住我是第一個向

你報喜的人，現在，我必須回到大王那裡去，我建議你不妨去送牠一程吧。」

鹿聽見狐狸這一番話十分開心，毫無戒心地跟著狐狸來到獅子的洞裡，但就在牠剛進入洞穴，獅子立即朝向牠撲來。

所幸，病情十分嚴重的獅子無力抓住牠，只有耳朵被抓傷破了皮，受到驚嚇的鹿兒很快地便逃出了洞口。

獅子眼看著到手的美食就這麼逃跑了，只得再向狐狸哀求一次：「麻煩你再找一次，這一次我絕對不會讓牠逃跑了。」

狐狸一聽，只得再一次來到鹿兒的居所，然而當鹿一看見狐狸出現，立即破口大罵：「你算什麼朋友，居然引我走向陷阱去？還不快滾！」

狡猾的狐狸辯解道：「你這個膽小鬼！你難道看不出來，大王其實是想和你咬耳朵嗎？牠是想悄悄地告訴你遺囑，但你卻跑開了，你這個舉動令大王有些猶豫，牠似乎想把王位傳給斑馬先生，我想，除非你立即回去請求原諒，再次展現你的能力和勇氣，否則你到手的王位就不保了。請相信我，我一定會做你最忠誠的僕人。」

看見狐狸滿臉誠懇的模樣，雄鹿果然再次受騙，這麼笨，當然要被騙得連骨頭都不剩了。

獅子總算能大快朵頤了，聰明的狐狸也沒有忘了自己應得的份，趁著獅王吃得津津有味時，偷偷地帶走獅王最愛吃的鹿腦。

不久，獅王忽然想起：「咦？鹿腦呢？」

狡猾的狐狸居然說：「大王，您別找了，您恐怕找不到的，因為像牠這樣容易受騙，恐怕沒有長腦子吧！」

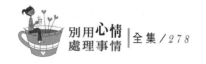
聽見狐狸在嘲諷鹿「沒長腦袋」時，不知道有沒有人會感到羞愧？

相信許多人都想大罵故事中的鹿太笨，只是，仔細想想，相似的情況不也經常發生在我們的身邊？

一切無關聰明與否，因為那些經常受騙上當的人，其實比任何人都要聰明，只不過他們老是計算過了頭，卻總是反過來算計了自己。

他們經常以為佔了別人的便宜，未料卻成了對方的囊中物，這是貪心最容易誤闖的陷阱，也是「聰明反被聰明誤」的表現。

再換個角度思考，這個故事要告訴我們的是：「問題的根源其實是在自己的身上，那無關狐狸的計謀，也無關鹿是否聰明，只要爭名逐利的慾望慢慢降低，我們不僅不再重蹈覆轍，也更能盡情享受豐富人生。」

做好準備，就能輕鬆面對

在順境想著隨時可能出現的逆風，並預先做出
防備，那麼便能以平常心面對生活中的風浪，
輕鬆地走過每一個順境與逆境。

生活中的好運與厄運，都是生命中稀鬆平常的事。命運的好
與壞從來就沒有絕對，只要能以平常心面對，無論遠慮或近憂我
們一定都能迎刃而解，危機也早已在我們的掌控之中。只要準備
周全，縱使危機出現，我們也能冷靜面對，輕鬆走過。

在公園的池塘裡住著青蛙一對兄弟，從出生至今一直居住在
這個小池塘裡，直到某一年夏天……

「哥哥，池塘的水全乾了，怎麼辦？」

一大清早，青蛙弟弟驚慌失措地叫喊著，吵醒了哥哥。

哥哥的安慰聲暫時安撫了弟弟：「這個情況我們早就預料到
了，不是嗎？久旱不雨的情況持續下去，池塘早晚會乾涸，我們
也不得不搬遷。別驚慌，我們趕緊出去找新的居所便是。」

弟弟點了點頭，隨後便跟著哥哥的步伐，出門尋找新的天地。
一路上，牠們走走停停，發現了幾個不錯的處所，但最後都放棄
了。因為哥哥的深謀遠慮，牠們一直沒找尋到完美的居所。

有一回，他們找到一個蓄滿泉水的深井，弟弟發現之後，立

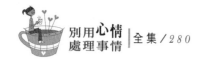

即開心地呼叫哥哥：「你快來看！這裡有一口水井！你看，這裡的水多麼豐沛，不如我們就選這裡吧！哥哥你看！井口附近有那麼多昆蟲，我們的食物來源肯定充裕，還有……」

「不行！」青蛙哥哥打斷了弟弟的話，否定了這個選擇。牠說：「我們還是另外再找池塘的環境才好，因為居住在這樣深的井裡，萬一井水乾了，我們要怎麼爬出來呢？」

青蛙弟弟聽見哥哥的解釋，只得乖乖地聽話，重新找過。

看著兩隻小青蛙的選擇，也許有人會認為青蛙哥哥太過吹毛求疵，當然也有人肯定牠的謹慎小心，無論如何解讀，在這則寓言中有一個很重要的啟示：「凡事都要小心謹慎。越是好運連連，越要小心前進，因為何時會遇到厄運，誰也預料不到。」

所以，青蛙哥哥指導著弟弟，凡事要往遠方看，不能只顧眼前，井水雖然豐沛，但卻存在著隱憂，萬一有一天井水乾了，牠們肯定要一輩子都要囚困在這個深井中出不來。

現實生活中不也如此？許多人以為好事連連，便忘了隱藏的危機，最後都在輕忽大意中跌得渾身是傷。

青蛙哥哥不是多慮而是深具遠見，因為牠沒有表現出煩躁，而是展現出智者深思熟慮的冷靜。

沒有人一生都能一帆風順，可是也沒有人一輩子都厄運連連；人生的困境隨時可能出現，大可不必焦躁不安。

只要我們在順境時凡事能「多想一想」，想著隨時可能出現的逆風，並預先做出必要的防備，那麼，我們便能以平常心面對生活中的風浪，輕鬆地走過每一個順境與逆境。

退一步享受自在人生

面對抉擇，一轉念，我們選擇了看似風光實則辛苦的人生路，再一轉念，也許便能享有平淡卻快樂的自在生活。

汲汲營營的生活難以品味出人生快樂，充滿慾望的靈魂很難找到幸福，因此，智者從不鼓勵人們追名逐利。

對他們來說，真正的名利與成功，只會發生在知足而且懂得謙讓的人身上。

這些人從來都不貪求名望，也不忙碌地追求財富，他們只知道：「享受生命的過程才是人生大事！」

范蠡輔佐越王勾踐二十多年後，總算打敗了吳王夫差，讓勾踐報了會稽之仇，而功績卓著的他也受封為上將軍。

但是，范蠡在受封之後卻不願繼續待在越國朝中，因為他深知：「越王可以共患難，但不能共享安樂，如果我再待在宮中，恐怕早晚要招來禍患，不如辭官回鄉，保全性命要緊。」

於是，范蠡當機立斷告老還鄉。

辭官後，他隱姓埋名來到齊國，對外他自稱是鴟夷子皮，喻意為「酒囊外皮」，而他也憑藉著這「酒囊外皮」，展開了全新的人生。

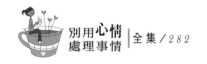

在這個富庶的大國中謀生，范蠡父子很快地便累積了數十萬財產，也很快地成了當地的聞人，最後連齊王也聽說范蠡的名聲，於是命人送去相印，希望他能為齊國效力。

然而，早已不再戀棧官場的范蠡，實在不願意再回朝廷，感嘆地說：「只要肯奮鬥，積聚千金家產一點也不難。我曾經身為卿相，一般平民百姓最得意的事情我也經歷過了，這一生也該知足了，更何況長久享受尊榮也不是件好事，算了吧！」

於是，他將相印奉還，接著還把家產分給親友、鄰居，一家人只帶了些金銀珠寶便秘密地離去。

這一回，他來到定陶，在這個交通發達的樞紐之地，范家人再次地展現了商業天分。

范蠡帶領著兒子們從耕種和放牧開始，先是戰勝自然的種種困難，獲得了莊稼的豐收。接著，他又把握了商機，大膽地買進賣出，雖然利微，但憑著他對商機的敏銳度，以及一家人的努力，很快地范家再次積累了萬貫家產，在當時無人不知定陶智冠群倫的「陶朱公」。

在自嘲「酒囊外皮」的陶朱公身上，我們也看到生命的自在。智者的生活哲學其實不難領悟，他們總是順著人生路前進，減少一點慾望，減少一些貪念，快意地走在人生的道路上，抱著如此的人生觀：「何必名利雙收？人生知足、自在最重要啊！」

所以，在人生最風光之時，范蠡立即隱退，在生活最富足時選擇重新開始。面對權與利的誘惑，他明快地放棄，沒有絲毫猶豫，就像我們在故事中所見的，他放棄了權力，也避開危機，獲得了快樂人生。

　　面對抉擇，很多時候只有一個轉念。一轉念，我們選擇了看似風光實則辛苦的人生路，再一轉念，也許便能享有平淡卻快樂的自在生活。

　　自在的人生其實才是我們最希望得到的，因此，我們不必羨慕別人光鮮亮麗的模樣，只要自問：「生活快樂嗎？這樣的生活你滿足嗎？」

　　只要答案是肯定的，你也能如陶朱公一般豐收！

觀察入微，就能保持警戒

與其花漫長的時間獨自探索，讓自己承受風險
不如細心觀察周遭，從別人的慘痛經驗上汲取
教訓。

不論成功或是失敗，我們應當細心觀察身邊的人，以他們的
際遇爲借鏡，同時也大方地分享自己的生活經驗。

因爲，你我都是彼此的一面鏡子，在我們身上發生的錯誤和
不小心犯下的過失，都有可能會在彼此的身上再次重演。

有一隻年邁體衰的老虎躺在洞裡哀嚎著，由於無力出外覓食，
牠已經好幾天都沒有吃東西了。「再這麼下去，我很快地就要餓
死在這裡了。」老虎悲觀地想著。

爲了填飽肚子，老虎認真地思索了一會，忽然有了主意。

「唉，我好痛苦啊！誰來幫幫我啊！」

洞裡不斷地傳出呻吟聲，讓許多經過的動物們忍不住停下腳
步，同情地問著老虎：「你怎麼了？」

「唉，我好痛苦啊！誰來幫幫我啊！」

老虎沒有多說，始終都痛苦地哎叫著，許多動物聽見後都十
分同情，忍不住走進洞裡探望老虎。

只是，這些動物走進之後，便再也不見牠們出來了。

原來老虎的計謀是：「我可以裝病，來引誘那些獵物上當。」

老虎這個歹毒的計謀果真得逞，不久森林裡頻頻傳出「失蹤人口」的訊息，只是大家感到納悶不解之餘，怎麼也沒有想到，所有失蹤的動物全都被老虎吞進了肚子裡。

聰明的小松鼠發現事有蹊蹺，便靜靜地守在虎穴外觀察。過了不久，牠大聲叫喊：「老虎，你身體狀況好嗎？」

老虎一聽見又有「獵物」上門，立即故技重施，發出軟弱無助的聲音：「我的身體狀況很不好啊！我可能快不行了，親愛的，我現在很孤獨，你能不能進來陪陪我呢？」

只見聰明的小松鼠退了兩步，接著很大聲地回應：「對不起，我的膽子很小，恐怕幫不了你。特別是當我發現，來到這裡的足跡只進不出，我的膽子就變得更小了。」

觀察入微的小松鼠十分警戒，不僅沒讓自己誤入險境，更進一步戳破了老虎裝病的計謀，挽救了許多差點被同情心所害的動物們。小松鼠除了聰明機智之外，我們從牠身上還得到了重要的啟發：「與其花漫長的時間獨自探索，讓自己承受風險，不如細心觀察周遭，從別人的慘痛經驗上汲取教訓。」

細心觀察最重要的目的，是讓人從生活中得到更多啟發，進而能隨時修正自己的腳步，讓付出的努力能夠事半功倍。

這是分享生命經驗最重要的環節，無論我們的生活背景有多大的差異，人生的目的其實都是一樣的，我們都希望能完美地走到人生終點，但是卻又不斷重複相同的錯誤。

從別人的身上汲取錯誤的經驗和教訓，是讓我們避開無妄之災與誤入歧途的最佳警惕，更能讓我們避免一再地走冤枉路。

你不能不知道的 把妹心理學全集
——用心追，宅男也能把正妹

作家安・蘭德絲曾說：「男人最大的遺憾，通常就是面對讓自己怦然心動的對象，卻因為畏怯忐忑，未能將心中的愛意表達出來。」

如果你不想讓錯過的愛情成為心中永遠的痛，那麼面對喜愛的正妹，就必須放下忐忑不安的心，大大方方表現出來。千萬不要猶豫不決，也不要害怕遭到拒絕，如果你不適時放電，又怎麼知道和對方來不來電？

想追女人，臉皮一定要厚，只要不患得患失，你就會恍然發現，對方並不像自己想像中那麼難追。

有點心機不算詐全集
——具備一些心機，才不會老是碰壁

愛默生曾說：「成功者並非比失敗者有腦筋，只不過他們比失敗者多了一點心機。」

有點心機不算詐，它只不過是為了保護自己，同時讓自己更順利達成目的。

做人做事必須有一些心機，才不會老是在現實社會碰壁。千萬別以為自己比別人還要認真，比別人還要努力，就一定可以出人頭地；要是你不具備應有的心機，不懂得運用一些必要的手腕，就會像一把沒有準星的槍，很難命中目標。

改變看法，就會改變做法全集
——不要讓錯誤的看法左右你的做法

愛因斯坦曾說：「人只有懂得改變對困境的看法，才能找到衝出困境的方法和做法。」

的確，成功絕大部分取決於身處逆境的時候，是否具備改變主觀看法的勇氣，事實證明，只要你能改變看法，就能改變導致你失敗的做法，幫助你往成功的道路邁進。

富勒曾經寫道：「看法本來是做法的僕人，卻常常變成它的主人。」

其實，一個人失敗的最大原因，除了本身能力不足外，更關鍵的是欠缺勇氣和決心，不敢改變自己死守不放的偏執看法。

放下過去，才有未來全集
——想開創璀璨的未來，先放下哀怨的心態

法國文豪羅曼羅蘭說：「只有把抱怨環境的心情，化作奮發向上的力量，才是成功的保障。」

確實如此，人只有勇於放下不如意的過去，踏實地活在當下，未來才可能充滿希望。不論過去的處境如何不堪，不論過去遭遇多少挫折和磨難，都必須學會放下，用積極樂觀的態度改變現況。

壯志與熱情是夢想的羽翼，自信與堅韌是成功的階梯，只有對生活抱持著積極樂觀態度的人，才能穿越荊棘遍佈的人生道路，度過眼前的難關，開創璀璨的未來……

放下便是快樂全集
——幸福，就從你決定放下的那刻開始

作家卡莉曾經寫道：「幸福是種奇妙的美好感覺，通常會發生在你決定放下的時候。」

當我們不知道什麼是幸福的時候，總是以自我為中心，試圖將所有的人事物緊緊握住，人與人之間才會產生那麼多摩擦、衝突，自己才會被那麼多不值得放在心上的瑣事絆住。

幸福往往從放下的那一刻開始，很多事與其緊緊握住，不如試著放下。當我們懂得放下那些想要牢牢掌控人事物的心思，我們才能找到真正的幸福。

別為小事痛苦全集
——不為小事浪費生命的生活智慧

激勵作家伯頓曾說：「如果世上有地獄的話，那就在人們憂慮的心中。」

確實如此，如果你不想讓自己整天活在「地獄」之中，就千萬別為過去懊惱，也別為未來擔憂，更別用根本還未發生或已經發生的「小事」來折磨自己。

生活中難免會有諸多令人感到痛苦和煩惱的瑣事，但是，除了煩憂之外，人生中還有更多值得開心、讚頌的美好事物等待我們去發掘。既然如此，又何必執著於眼前惱人的小事，放棄讓自己快樂的權利？

一味鑽牛角尖，只會讓自己每天苦不堪言；唯有放開胸懷，生活才能過得坦然自在。

用幽默代替沉默—臨機應變篇
——用幽默的方式化解可能的衝突

美國作家比徹曾說：「只要你能用幽默的方式讓對方會心一笑，對方就會不由自主照著你的意思去做。」

確實如此，幽默往往會製造左右他人決定的效果。遇到不如己意的事情，要當場發飆很容易，困難的是適時發揮機智，用幽默的方式表達自己的意思。

機智與幽默是人際互動的最佳應變智慧。動不動就爆粗口，或是跟別人爭執不休，非但會氣氛鬧僵，把問題搞得更難以收拾，更會突顯自己的粗俗幼稚。真正有聰明的人，即使被激怒，即使場面不利於自己，也會臨機應變，選擇用幽默與機智化解可能爆發的衝突。

愛情需要多一點理性全集
——用理性面對戀情，才能擁有美好的愛情

兩性作家桃樂西曾說：「陶醉於愛情之中的男女，通常都不想用理性去面對，總有一天必須面對的愛情現實。」

因為，再如何濃熾熱烈的愛情，終究都會有退燒變淡的一天，當愛情由濃轉淡的時候，如果還不懂得用理性去面對這段已經退「樂」的愛情，那麼就永遠無法讓自己擁有一段真正天長地久的愛情。

談情說愛的過程中，要隨時保持理智，千萬別被自以為是的想像矇騙，更不要認為一切都是理所當然，否則，這段感情很快就會剩下遺憾。

生活講義

181

別用心情處理事情 全集

作　　者　千江月
社　　長　陳維都
藝術總監　黃聖文
編輯總監　王郡凌
出 版 者　普天出版家族有限公司
　　　　　新北市汐止區忠二街 6 巷 15 號
　　　　　TEL / (02) 26435033 (代表號)
　　　　　FAX / (02) 26486465
　　　　　E-mail：asia.books@msa.hinet.net
　　　　　http://www.popu.com.tw/
　　　　　郵政劃撥 19091443 陳維都帳戶
總 經 銷　旭昇圖書有限公司
　　　　　新北市中和區中山路二段 352 號 2F
　　　　　TEL / (02) 22451480 (代表號)
　　　　　FAX / (02) 22451479
　　　　　E-mail：s1686688@ms31.hinet.net
法律顧問　西華律師事務所・黃憲男律師
電腦排版　巨新電腦排版有限公司
印製裝訂　久裕印刷事業有限公司
出 版 日　2024 年 9 月第 2 版第 1 刷
ISBN◎978-986-389-947-1　　　條碼 9789863899471
Copyright◎2024
Printed in Taiwan, 2024 All Rights Reserved

國家圖書館出版品預行編目資料

別用心情處理事情 全集 ／

千江月編著. —第 2 版. —：新北市, 普天出版

2024.9 面；公分. - (生活講義；181)

ISBN◎978-986-389-947-1 (平裝)

CIP◎177.2